大人の献立ルールは

2品で10分 500kcal

女子栄養大学 栄養クリニック特別講師 **今泉久美**

文化出版局

はじめに

人生100年時代。健康で楽しく活動的な毎日を送るためにも、日ごろから「バランスよくきちんと食べること」を意識して、自立した生活を続けていきたいものです。若いころと違って、内臓の消化吸収能力や体の代謝が衰えているのに、食事の量が多すぎたり少なすぎたり。さまざまな病気のリスクや肥満などの、生活習慣病を引き起こす原因になっています。問題はそれだけではなく、大人世代の栄養失調が深刻化しているのです。

見た目では太っているのに栄養失調だったり、やせている人が骨粗鬆症だったり……。40代半ば以降は、女性も男性もホルモンの分泌量が減る、いわゆる更年期に突入していきます。この時期こそ、食事のとり方が体の不調や老化につながるのが怖いところです。ある程度お金と時間が自由になるため、外食などを楽しむ機会が増えて体重コントロールがきかなくなったり、家族に手がかからないので、極端に食事に手を抜きすぎて栄養不足に陥り、筋力、骨量、気力までもいつの間にか落ちてしまうことも多いのです。

では、このようなリスクを避けるにはどうしたらいいでしょうか。本書では、栄養学に基づいた大人向けの献立ルールを作りました。

「毎日、献立を考えるのが億劫」「作るのが面倒くさい」という人でもラクに続けられ、減塩についても配慮した食生活の提案をしています。

基本は、主菜、副菜の2品に、ご飯の構成。どの献立もほぼ10分で調理ができますし、特別な食材や調味料もいっさい不要です。

手早く作るための料理のプロセスや、ストック素材や作りおきなども紹介。これらを上手に組み合わせて、誰でも簡単に、短時間で作れる、栄養バランスのとれた献立を楽しんでください。

主菜

良質なたんぱく質に野菜をたっぷり組み合わせて、栄養価もボリュームもアップ。

大人の献立ルール
主菜＋副菜＋ご飯 ≒ 500kcal

ご飯

1食120〜150gが目安。健康効果が期待できるはと麦ご飯、胚芽米などが理想的（⇨p.4）。

副菜

野菜を中心にしたサラダ、あえ物や汁物などを。2種類以上の野菜、きのこ、海藻類を使う。主菜のボリュームに合わせて量を調節する。

野菜（緑黄色野菜＋淡色野菜）は1食分150gを目標にとる。加熱野菜と生野菜の両方を食べること。少ない場合は、きのこ、いも類、フルーツなどを添えて。

調理の油は、主菜か副菜のどちらかにすると、カロリーが抑えられる。

写真は「豚肉のしょうがじょうゆ炒め献立」⇨p.32

料理を作りはじめる前に

調理中にいちいち探し物をしていては10分では作れません。一目でわかるように、調理道具、食材、調味料を用意します。

調理道具

小さめのまな板／包丁／菜箸／フッ素樹脂加工のフライパン（直径24cm）とふた／小鍋（直径14cm）とふた／ボウル／ざる

食材

必要な食材をバットに用意しておくと、スムーズに調理ができきます。

調味料

調味料は使うごとにはかります。あらかじめボウルなどにはかって入れておくと、洗い物が増えてしまう原因に。

おいしく手早く作るために

だしをとったり、ご飯を炊いたりは、ちょっと時間のあるときに多めに用意しておくと重宝します。

だしの用意を

汁物、煮物を作るときに大活躍。どちらも日もちは、冷蔵庫で2〜3日。

電子レンジだし
オールマイティに使える一番だしです。
◎耐熱ボウルに昆布（5×10cm）1枚、削りがつお20g、水1ℓを入れ、ラップをかぶせずに電子レンジで10分ほど加熱する。あくを取り除き、3分ほどおいて厚手のペーパータオルを敷いたざるでこす。冷まして密閉容器に入れる。

水だし
野菜を使った汁物などによく合います。
◎昆布（10cm角）1枚、わたを取り除いた煮干し20g、水1ℓを密閉容器に入れ、一晩おく。使うときにこす。

［だしのレシピは作りやすい分量です］

冷凍ご飯

ご飯は3〜4合まとめて炊き、120〜150gずつに分けて冷凍しておきます。ご飯が温かいうちにラップで平たく包み、よく冷ましてから冷凍庫へ。おすすめは白米に雑穀などを加えたご飯。血糖値の上昇もゆるやかになります。気温の高い時期は、冷蔵庫で浸水させる。

はと麦

健康成分・ヨクイニンの効果で美肌効果が期待できます。
◎米3合、はと麦1合の割合で多めの水に4時間から一晩浸水させ、普通に炊く。

胚芽米

ビタミンB₁、食物繊維が豊富で、消化がいいのが特徴です。
◎胚芽米3合を少し多めの水に2時間以上浸し、普通に炊く。

雑穀米

ビタミン、ミネラルが豊富で独特のうまみがあります。
◎米2½合、雑穀½合の割合で2時間ほど浸水させ、普通に炊く。

10分献立の作り方

主菜
豚肉のしょうがじょうゆ炒め

副菜
和風カレーミルクスープ

ご飯

2品を段取りよくスムーズに作るにはちょっとしたコツがあります。

1 玉ねぎを切る

鍋にだし汁を入れ、玉ねぎを切る。玉ねぎを鍋に入れ、中火にかける。煮立ったら弱火にし、3分煮る。オクラを切る。

2 野菜、豚肉を切る

水菜、パプリカを切り、豚肉を切り、調味料をからめる。

野菜→肉の順に切れば、まな板が汚れない！

3 オクラを加える

オクラを加えてさっと煮、ふたをして火を止めておく。

4 炒めて蒸し焼きにする

豚肉、パプリカの順に炒め、ふたをして弱火で1分蒸し焼きにする。器に水菜を盛る。

ふたをすれば、加熱時間もスピーディ！

5 鍋を中火にかける

6 電子レンジで加熱する

冷凍ご飯を電子レンジで加熱し、器に盛る。

7 調味する

スープにコーン、牛乳を加えて調味し、器に盛る。

8 器に盛る

バルサミコ酢を加えて、汁ごと器に盛る。

目次

はじめに ……………………………………………………… 2
料理を作りはじめる前に／おいしく手早く作るために ………… 4
10分献立の作り方 …………………………………………… 5

1章

たんぱく質をしっかりとって、筋肉量をキープ！
実だくさんのみそ汁が主菜の献立

みそ汁をおいしく作るコツ ……………………… 9
まぐろとかぶのみそ汁献立 …………………… 10
ぶりと菜の花のみそ汁献立 …………………… 12
さばと大根のみそ汁献立 ……………………… 13
たらとミニトマトのみそ汁献立 ……………… 14
鮭としいたけのみそ汁献立 …………………… 15
いわしつみれとごぼうのみそ汁献立 ………… 16
豚肉としめじのみそ汁献立 …………………… 18
豚肉と青梗菜のみそ汁献立 …………………… 19
鶏だんごとさつまいものみそ汁献立 ………… 20
牛肉と温泉卵のみそ汁献立 …………………… 21
落とし卵とブロッコリーのみそ汁献立 ……… 22
大豆もやしとしいたけのかき玉汁献立 ……… 23
厚揚げと大根のみそ汁献立 …………………… 24
納豆と小松菜のみそ汁献立 …………………… 25

2章

脂を落としてカロリーダウン。
食べごたえ満点な肉料理の献立

肉の選び方 ……………………………………… 27
焼きから揚げ献立 ……………………………… 28
チキン南蛮献立 ………………………………… 30
ささ身のみそチーズ焼き献立 ………………… 31
豚肉のしょうがじょうゆ炒め献立 …………… 32
豚もも肉のとんかつ風献立 …………………… 33
豚肉とかぼちゃのピリ辛炒め献立 …………… 34
牛肉のペッパーステーキ献立 ………………… 36
焼き肉サラダ献立 ……………………………… 37
トマトハンバーグ献立 ………………………… 38
ドライカレー献立 ……………………………… 39

本書の決まりごと

- 材料に記した（g）は正味です。野菜は皮をむく、種を取るなど下ごしらえをしたあとの分量です。
- 塩は天然塩、砂糖は上白糖、酢は米酢、しょうゆは濃口しょうゆを使用。
- 1カップは200ml、1合は180ml、大さじ1は15ml、小さじ1は5mlです。
- 電子レンジは出力600Wを使用。加熱時間はお手持ちのもので調整してください。機種や気候により、多少異なります。

コレステロール対策にいい油とろう！
毎日食べたい魚介料理の献立

体にいい油のとり方	41
かつおとアボカドのカルパッチョ献立	42
あじのなめろう丼献立	44
まぐろのキムチ納豆あえ献立	45
さばのカレームニエル献立	46
さわらと蓮根のしょうが照り焼き献立	48
鮭と白菜の蒸し煮献立	49
やりいかとキャベツのにんにく炒め献立	49
いわし缶となすのトマト煮献立	52
鮭缶と豆腐のせ丼献立	53
さば缶とにらの卵炒め献立	56
いわし缶のみそとろろグラタン献立	56
さば缶バーグ献立	57

欠食は危険！
朝ごはんはルーティーンで！ …………60

一皿でパーフェクト！
ご飯と麺

豚ひき肉と野菜のエスニック炒飯	66
チキンとセロリの10分カレー	66
海鮮丼	67
ささ身の豆乳がゆ	67
温泉卵とじゃこのルッコラそば	70
さば缶とゴーヤーのそうめんチャンプルー	70
豚肉、もやし、にら入りラーメン	71

ゆとりのある日に。
味つけ冷蔵＆作りおき

鶏肉の梅マリネ	74
豚肉の粒マスタードマリネ	74
牛肉のオイスターマリネ	74
ぶりのしょうゆ麹マリネ	75
サーモンのレモンマリネ	75
たらの中国風マリネ	75
蓮根とカリフラワーのカレーピクルス	78
きくらげとセロリのアンチョビーマリネ	78
きゅうり、大根、にんじんの甘酢じょうゆ漬け	79
キャベツのラーパーツァイ風	79

1章

実だくさんのみそ汁

が主菜の献立

たんぱく質を
しっかりとって、
筋肉量をキープ！

毎日、みそ汁をきちんと食べていますか？料理の多様化などで、日本の食卓ではみそ汁離れが進んでいるようですが、それは実にもったいない話です。

まずは、みそならではのすぐれた効能に注目してみましょう。みそは発酵させることでアミノ酸が生成され、栄養が吸収されやすくなるのが特徴です。主材料の大豆に含まれる大豆ペプチドが代謝を促進し、レシチンやサポニンはコレステロールの低下などにも役立ちます。

みそ汁にすれば、汁に溶け出た具材の栄養をすべてとることができ、血流を促して体をし

んから温めてくれる効果も期待できます。

この章では、そんな健康効果たっぷりのみそ汁を献立の主役にしました。筋肉を作るのに欠かせない、肉や魚、卵、豆腐などでたんぱく質をしっかりととりつつ、ビタミン、ミネラルが豊富な野菜やきのこと組み合わせて、さらなる健康効果も得られます。

ただし、みそ汁は塩分オーバーになりがちなので、薄味でも具材から出るうまみで、充分おいしくいただけるレシピを紹介しています。

煮えばなの温かく、おいしいみそ汁がいただけるよう、料理の手順もぜひ参考になさってください。

みそ汁をおいしく作るコツ

魚のみそ汁

煮魚に比べて減塩しやすく、失敗なく短時間でできます。みりんや砂糖なども必要ありません。

魚には酒をふる

魚は煮る前に酒をさっとからめ、臭みや汚れを取っておきます。風味をプラスする効果も。切り身魚1切れに対し、酒大さじ1が目安。そのあとペーパータオルで汁気をしっかりと取ります。

魚のみそ汁はまず、少量のみそを溶き入れる

魚自体にも味をつけておきたいので、分量のみそから少量をだし汁に溶いておきます。みそを加えることで、魚の身もしまり、煮くずれを防いでくれます。

煮立った煮汁に魚を入れる

みそを溶いた煮汁を中火にかけ、よく煮立ったところに魚を入れます。煮立っていないと魚から臭みが出てしまうので、注意。

肉のみそ汁

濃いうまみが煮汁に移り、奥深い味わいに。たっぷり入れてしまうと味のバランスがとれないので、50～60gが目安。副菜でたんぱく質素材を補います。

肉はほぐしながら加える

固まったまま煮汁に加えると均一に火が通りません。菜箸でよくほぐしながら加え、まんべんなくしっとりと火を通します。

ていねいにあくを取り除く

肉から出たあくは、その都度ていねいに取り除きます。そのままにしておくと見た目も悪く、すっきりとした味に仕上がりません。

卵のみそ汁

卵1個を使います。たんぱく質量が足りないので、主菜、または副菜で動物性のたんぱく質を補います。

煮立った煮汁に卵を入れる

煮汁を煮立てていないと、卵がきれいに固まらないので注意。

納豆、厚揚げのみそ汁

納豆は1パック（40g）、厚揚げは80gが目安。豆腐100gを使っても。たんぱく質量が足りないので、副菜で動物性のたんぱく質を補います。

納豆は最後に加える

加熱しすぎると臭みが出るので、みそを溶き入れたあとに加えてさっと温めます。

- 9 -

まぐろとかぶのみそ汁献立

	カロリー	塩分
主菜	127kcal	1.8g
副菜	+156kcal	+1.1g
胚芽ご飯(120g)	+200kcal	+0g
	=483kcal	=2.9g

1 サラダを作る

ボウルにサニーレタス、紫玉ねぎ、ハムを入れ、オリーブ油をかけてAをふり、全体を混ぜて器に盛る。

2 まぐろ、かぶを煮る

鍋にだし汁、みそ少々を入れて煮立て、まぐろを入れてさっと煮る。かぶの根を加え、ふたをして1分煮る。

3 みそ汁を仕上げる

2にえのきだけ、かぶの葉を加えてさっと煮る。残りのみそを溶き入れ、器に盛って粉ざんしょうをふる。

まぐろとかぶのみそ汁

- まぐろ（赤身・ぶつ切り）……70g
  → 酒大さじ1をふり、汁気をふく。
- かぶ……小1個（100g）
  → 根は皮つきのまま、半分に切って1cm幅、葉は1cm幅に切る。
- えのきだけ……20g
  → 根元を切り落として長さを半分に切り、ほぐす。
- だし汁……180ml
- みそ……小さじ2
- 粉ざんしょう……少々

サニーレタスと玉ねぎのオイルあえ

- サニーレタス……2〜3枚（50g）
  → 一口大にちぎる。
- 紫玉ねぎ……1/6個（30g）
  → 横に薄切りにする。
- ボンレスハム……1枚（20g）
  → 半分に切って1cm幅に切る。
- オリーブ油……大さじ1
- A [レモン汁……大さじ1/2
     塩、粗びき黒こしょう……各少々]

美肌効果も

火通りのいいまぐろとかぶを使った、時短みそ汁が主役です。皮つきのかぶは少しかために煮上がりますが、その歯ごたえがまたおいしいもの。野菜のビタミンC、まぐろのたんぱく質を一緒にとることでコラーゲンが生成され、美肌作りの効果も得られます。

材料はすべて1人分

ぶりと菜の花のみそ汁献立

1 ぶりを煮る
鍋にだし汁を入れて煮立て、みそ少量を溶き入れてぶりを加え、ふたをして弱火で4分煮る。

2 サラダを作る
器にもやしとスプラウトを盛り、梅ドレッシングをかける。

3 みそ汁を仕上げる
1に菜の花を加えて上下を返し、残りのみそを溶き入れる。器に盛って長ねぎを散らす。

	カロリー	塩分
主菜	260kcal	1.7g
副菜	+ 56kcal	+ 0.6g
雑穀ご飯（120g）	+202kcal	+0g
	=518kcal	=2.3g

ぶりと菜の花のみそ汁
- ぶり（切り身）……小1切れ（80g）
  → 酒大さじ1をふり、汁気をふいて3等分に切る。
- 菜の花……80g
  → 長さを半分に切る。
- だし汁……180mℓ
- みそ……小さじ2
- 長ねぎ（小口切り）……少々

もやしとスプラウトの梅サラダ
- もやし……½袋（100g）
  → 耐熱皿に入れ、ふんわりとラップをかぶせて電子レンジで2分加熱し、ざるに上げる。
- スプラウト……½パック（15g）
  → 根元を切り落とす。
- 梅ドレッシング（⇨p.63）……大さじ1

動脈硬化予防に DHA、EPAが豊富なぶりに、葉酸の豊富な菜の花を加えると動脈硬化や認知症の予防に効果的。また、ぶりのこくのあるうまみを、ぐっと引き立てます。菜の花の代わりにアスパラガス、豆苗、ブロッコリーを使っても。

材料はすべて1人分

1 大根、さばを煮る

鍋にだし汁、大根を入れて煮立て、みそ少量を溶き入れてさばを加え、ふたをして弱火で4〜5分煮る。

2 サラダを作る

器にクレソンを盛って豆腐をのせ、玉ねぎ黒酢ドレッシングをかけてごまをふる。

3 みそ汁を仕上げる

1に残りのみそを溶き入れ、にらを加えて火を止める。器に盛ってしょうがを添え、一味とうがらしをふる。

さばと大根のみそ汁献立

さばと大根のみそ汁

- さば（切り身）……小1切れ（70g）
  → 酒大さじ1をふり、汁気をふいて2等分のそぎ切りにする。
- 大根……100g
  → 薄い輪切りにしてから1cm幅に切る。
- にら……20g
  → 1cm幅に切る。
- だし汁……180mℓ
- みそ……小さじ2
- おろししょうが、一味とうがらし……各少々

クレソンと豆腐のごまサラダ

- クレソン……1束（50g）
  → 葉と茎に切り分け、茎は1cm幅に切る。
- 木綿豆腐……¼丁（75g）
  → 一口大にちぎり、ペーパータオルにのせる。
- 玉ねぎ黒酢ドレッシング（⇒p.62）……大さじ1
- 白すりごま……大さじ1

	カロリー	塩分
主菜	222kcal	1.9g
副菜	124kcal	0.4g
はと麦ご飯（120g）	189kcal	0g
	=535kcal	=2.3g

良質の油を さばに含まれる良質な油の酸化を防ぐために、β-カロテンの豊富なにらやクレソンを合わせます。濃いうまみのさば、香りの強いにらとおろししょうがで、いっそう香りよく仕上げました。

材料はすべて1人分

1 たらを煮る

鍋にオリーブ油を中火で熱し、玉ねぎ、にんにくを入れて炒める。全体に油がなじんだら、だし汁を加え、みそ少々を溶き入れる。煮立ったらたらを加え、ふたをして弱火で3分煮る。

2 サラダを作る

ボウルにかぶを入れてAを加えてもむ。しんなりとしたらさっと洗って汁気を絞り、大豆、Bを加えてあえ、器に盛る。

3 みそ汁を仕上げる

■にミニトマト、ズッキーニを加えてさっと煮、残りのみそを溶き入れる。器に盛って粗びき黒こしょうをふる。

たらとミニトマトのみそ汁献立

	カロリー	塩分
主菜	179kcal	1.9g
副菜	+99kcal	+0.7g
パセリご飯	+201kcal	+0g
	=479kcal	=2.6g

[パセリご飯] 胚芽ご飯…120g、パセリ…2房 →ご飯にちぎったパセリを散らす。

たらとミニトマトのみそ汁

生だら（切り身）……1切れ（80g）
→酒大さじ1をふり、汁気をふいて半分に切る。

ミニトマト……3個
→へたを取り除き、縦半分に切る。

ズッキーニ……¼本（50g）
→5mm幅の半月切りにする。

玉ねぎ……¼個（50g）
→横に薄切りにする。

おろしにんにく……少々
オリーブ油……大さじ½
だし汁……180㎖
みそ……小さじ2
粗びき黒こしょう……少々

かぶと大豆のゆずこしょうあえ

かぶ……小1個（100g）
→根はスライサーで薄切り、葉は1cm幅に切る。

蒸し大豆（ドライパック）……20g

A ┌ 塩……少々
  └ 酢……小さじ1

B ┌ ゆずこしょう……少々
  └ オリーブ油……小さじ1

豊かなうまみ 玉ねぎ、にんにくを炒めてから煮るので、甘みのある豊かなこくのみそ汁に。たらのうまみ成分のイノシン酸、ミニトマトのグルタミン酸が加わることで、さらに深みのある味わいに仕上がります。

材料はすべて1人分

鮭としいたけのみそ汁献立

	カロリー	塩分
主菜	153kcal	1.9g
副菜	+108kcal	+0.7g
おにぎり	+203kcal	+0.4g
	=464kcal	=3.0g

1 しいたけ、鮭を煮る

鍋にだし汁、しいたけを入れて煮立て、みそ少量を溶き入れて鮭を加え、ふたをして弱火で3分煮る。

2 サラダを作る

器に春菊、りんご、長ねぎを合わせて盛り、混ぜたAをかける。

3 みそ汁を仕上げる

1に春菊の茎を加えて1分煮、残りのみそを溶き入れ、器に盛る。

鮭としいたけのみそ汁

- 生鮭（切り身）……1切れ（80g）
  → 酒大さじ1をふり、汁気をふいて3等分に切る。
- 生しいたけ……2枚
  → 石づきを切り落とし、1cm幅に切る。
- 春菊の茎……60g
  → 1cm幅に切る。
- だし汁……180mℓ
- みそ……小さじ2

春菊とりんごのサラダ

- 春菊の葉……40g
  → 葉を摘む。
- りんご……¼個（50g）
  → 芯を取り除き、横に薄切りにする。
- 長ねぎ……5cm
  → 斜め薄切りにする。
- A ┌ 酢、ごま油……各大さじ½
    │ めんつゆ（3倍濃縮タイプ）……小さじ1
    └ こしょう……少々

［のり巻きおにぎり］胚芽ご飯…120g、塩…ごく少々、焼きのり…½枚　→手に水、塩をつけておにぎりを作り、半分にしたのりを添える。

強い抗酸化力

鮭の赤い色素アスタキサンチンは、細胞の老化を抑えて強い抗酸化力があります。その吸収力を高めるのが、「油」。サラダにごま油を使えば、風味がぐっとアップし、りんごの酸味も引き立てます。

材料はすべて1人分

いわしつみれとごぼうのみそ汁献立

	カロリー	塩分
主菜	184kcal	1.8g
副菜	+146kcal	+0.9g
胚芽ご飯(120g)	+200kcal	+0g
	=530kcal	=2.7g

- 16 -

1 つみれを作る

ボウルにいわし、Aを入れ、菜箸で混ぜる。

2 ごぼう、つみれ、長ねぎを煮る

鍋にだし汁、ごぼうを入れて煮立て、1をスプーンですくって加え、長ねぎを加える。ふたをして弱火で3～4分煮る。

3 サラダを作り、みそ汁を仕上げる

器にゆで卵、ルッコラ、みょうがを合わせて盛り、Bをかける。2にみそを溶き入れ、器に盛る。

いわしつみれとごぼうのみそ汁

- いわし（開いたもの）……小2尾分（60g）
  → 酒大さじ1をふり、汁気をふく。腹骨をすき取り、背びれ、尾ひれを取り除いて包丁で粗くたたく。
- ごぼう……5cm（25g）
  → 斜め薄切りにして水洗いをし、水気をきる。
- 長ねぎ……½本（50g）
  → 斜めに1cm幅に切る。
- A ［ おろししょうが、みそ……各小さじ½
      小麦粉……小さじ2 ］
- だし汁……180mℓ
- みそ……小さじ1½

ゆで卵とルッコラのサラダ

- ゆで卵……1個
  → スライサーで輪切りにする。
- ルッコラ……1パック（50g）
  → 5cm幅に切る。
- みょうが……1個
  → 縦半分に切り、斜め薄切りにする。
- B ［ ぽん酢しょうゆ（市販）、
      ごま油……各大さじ½
      こしょう……少々 ］

カルシウム豊富

いわしは皮、小骨ごとたたいてつみれにしました。いわしに含まれるビタミンDが小骨のカルシウムの吸収をアップします。また、ルッコラに含まれるカルシウムは、野菜の中でもトップクラス。素材の持ち味を楽しみながら、おいしく骨粗鬆症の予防ができる献立です。

材料はすべて1人分

	カロリー	塩分
主菜	169kcal	1.7g
副菜	+162kcal	+1.1g
雑穀ご飯(120g)	+202kcal	+0g
	=533kcal	=2.8g

1 煮る

鍋にだし汁、しめじを入れて煮立て、豚肉を加える。あくを取り除いてキャベツを加え、ふたをして弱火で2〜3分煮る。

2 白あえを作る

ボウルに豆腐、Aを入れ、泡立て器で混ぜる。なめらかになったらにんじん、ひじきを加えてあえ、器に盛る。

3 みそ汁を仕上げる

■にみそを溶き入れ、器に盛る。

豚肉としめじのみそ汁献立

豚肉としめじのみそ汁

豚ももこまぎれ肉……60g
→酒大さじ½をからめる。
しめじ……⅓パック(40g)
→石づきを切り落としてほぐす。
キャベツ……1½枚(75g)
→一口大にちぎる。
だし汁……180mℓ
みそ……小さじ2

にんじんとひじきの簡単白あえ

にんじん……小½本(50g)
→スライサーでせん切りにする。
生ひじき……20g
→耐熱皿に入れて酒、粗びき黒こしょう各少々をふり、ふんわりとラップをかぶせて電子レンジで30秒加熱する。
木綿豆腐……¼丁(75g)
→ペーパータオルで包む。

A ┌ 白すりごま……大さじ1
  │ めんつゆ(3倍濃縮タイプ)、
  │   マヨネーズ……各大さじ½
  └ 砂糖……少々

バランス抜群

豚肉は元気のもとを作るビタミンB₁の宝庫。しめじは食物繊維、キャベツはビタミンCを多く含むので、栄養バランスも抜群です。副菜には簡単白あえ。レンジで調理し、市販のめんつゆで調味するだけ。

材料はすべて1人分

1 酢塩もみを作る
ボウルにAを入れて混ぜ、なす、みょうがを加えて20回ほどもむ。汁気を絞って器に盛り、しらすをのせてオリーブ油をかける。

2 豚肉、青梗菜を煮る
鍋にだし汁を入れて煮立て、豚肉を加えてあくを取り除く。青梗菜の茎、葉の順に加え、ふたをして弱火で1〜2分煮る。

3 みそ汁を仕上げる
2になめこを加えてさっと煮、みそを溶き入れる。器に盛り、のりを散らす。

豚肉と青梗菜のみそ汁献立

豚肉と青梗菜のみそ汁

豚ももこまぎれ肉（赤身）……60g
　→酒大さじ½をからめる。
青梗菜……1株（120g）
　→葉と茎に切り分ける。
　　葉は長さを半分に切り、
　　茎は縦六〜八つ割りにする。
なめこ……½袋（50g）
　→ざるに入れて流水で洗い、
　　水気をきる。
だし汁……180ml
みそ……小さじ2
ばらのり（またはもみのり）……ひとつまみ

なすとみょうがの酢塩もみ

なす……小1本（70g）
　→へたを取り除いて
　　縦半分に切り、
　　斜め薄切りにする。
みょうが……1個
　→縦半分に切り、
　　斜め薄切りにする。
しらす干し……大さじ2（12g）
A ┌ 水……大さじ2
　├ 酢……大さじ1
　└ 塩……小さじ¼
オリーブ油……大さじ½

	カロリー	塩分
主菜	164kcal	1.9g
副菜	+89kcal	+0.7g
おにぎり	+206kcal	+0.4g
	=459kcal	=3.0g

［ごまおにぎり］胚芽ご飯…120g、塩…ごく少々、黒いりごま…少々　→手に水、塩をつけておにぎりを作り、ごまをまぶす。

和風献立 野菜200g以上が食べられる、ヘルシーな和風献立です。青梗菜はβ-カロテンやカルシウムが豊富。また、なめこのぬるぬる成分には腸の働きを整え、粘膜を保護する働きもあります。

材料はすべて1人分

	カロリー	塩分
主菜	198kcal	1.8g
副菜	+117kcal	+0.8g
はと麦ご飯(120g)	+189kcal	+0g
	=504kcal	=2.6g

鶏だんごとさつまいものみそ汁献立

1 みそ汁の具を煮る

鍋にさつまいも、だし汁を入れて中火にかける。ボウルにひき肉、Aを入れて菜箸で混ぜ、鍋の煮汁が煮立ったら、少量ずつまとめながら入れる。あくを取り除き、白菜を加える。煮立ったらふたをして弱火で5分煮る。

2 あえ物を作る

器にオクラ、納豆を盛り、もずく、ごま油をかける。納豆に添付のからしを添える。

3 みそ汁を仕上げる

■にみそを溶き入れる。器に盛り、七味とうがらしをふる。

鶏だんごとさつまいものみそ汁

- 鶏ひき肉(むね肉)……60g
- さつまいも……約5cm(50g)
  → 8mm幅の輪切りにし、水に1分つけて水気をきる。
- 白菜……大1枚(100g)
  → 縦半分に切り、横に1cm幅に切る。
- A [おろししょうが、みそ……各小さじ½
- だし汁……180ml
- みそ……小さじ1½
- 七味とうがらし……少々

オクラと納豆のもずくあえ

- オクラ……3本
  → 塩少々をふってもみ、水洗いをする。へたを切り落として小口切りにする。
- 納豆……1パック(40g)
- もずく(味つき)……1パック(60g)
- ごま油……小さじ½

奥深い味 鶏肉はたんぱく質をはじめ、うまみ成分のグルタミン酸やイノシン酸を含むので、みそ汁に加えるとこくのある味わいに。やさしい甘みのさつまいもと白菜と煮て、奥深いおいしさを堪能しましょう。

材料はすべて1人分

牛肉と温泉卵のみそ汁献立

	カロリー	塩分
主菜	262kcal	2.1g
副菜	+80kcal	+0.6g
胚芽ご飯(120g)	+200kcal	+0g
	542kcal	2.7g

1 ナムルを作る

ボウルにトマトを入れてAを加えてあえ、器に盛る。

2 牛肉、まいたけを炒める

鍋にごま油を中火で熱し、牛肉、まいたけを入れて炒める。

3 みそ汁を仕上げる

牛肉の色が変わったら、だし汁を加えてあくを取り除く。キムチを加え、ふたをして弱火で1〜2分煮る。みそを溶き入れ、器に盛って温泉卵を割り入れる。

牛肉と温泉卵のみそ汁

- 牛切り落とし肉（赤身）……50g
  → 酒大さじ½をからめる。
- 温泉卵（市販）……1個
- 白菜キムチ（カット済み）……30g
- まいたけ……½パック（50g）
  → 手でほぐす。
- ごま油……大さじ½
- だし汁……180ml
- みそ……大さじ½弱

トマトのナムル

- トマト……1個（150g）
  → へたを取り除き、縦4等分に切って5mm幅に切る。
- A
  - 万能ねぎ（小口切り）……1本分
  - 白いりごま、ごま油……各小さじ1
  - おろしにんにく、塩……各少々

血流アップ

牛肉の赤身は亜鉛や鉄などのミネラルが豊富で、貧血や冷え性の予防改善に役立ちます。キムチに含まれるカプサイシン効果も加わって血流を促し、体のしんからほかほかに温まることができます。

落とし卵とブロッコリーのみそ汁献立

1 みそ汁の具を煮る
鍋に分量の水、ちりめんじゃこを入れて煮立て、ブロッコリー、長ねぎ、卵を加える。再び煮立ったら、ふたをして弱火で2分煮る。

2 あえ物を作る
ささ身は手で裂く。器にセロリを盛ってささ身をのせ、混ぜたAをかける。

3 みそ汁を仕上げる
■にみそを溶き入れ、器に盛る。

落とし卵とブロッコリーのみそ汁

卵……1個
ブロッコリー……1/3個（80g）
　→小房に切り分けて水にさっとさらし、水気をきる。
長ねぎ……1/4本（25g）
　→斜めに5mm幅に切る。
ちりめんじゃこ……大さじ1/2
水……180ml
みそ……小さじ2弱

ささ身とセロリのマヨじょうゆ

鶏ささ身……大1本（60g）
　→耐熱皿にのせて塩少々、酒小さじ1をふり、ふんわりとラップをかぶせて電子レンジで1分20秒加熱し、ラップをはずす。
セロリ……1/2本（50g）
　→筋を取り除き、斜めに3mm幅に切る。
A ┌ マヨネーズ……大さじ1/2
　├ ぽん酢しょうゆ（市販）……小さじ1/3
　├ ごま油……小さじ1/2
　└ 粗びき黒こしょう……少々

	カロリー	塩分
主菜	142kcal	1.7g
副菜	+136kcal	+0.8g
おにぎり	+189kcal	+0.4g
	=467kcal	=2.9g

［おにぎり］はと麦ご飯…120g、塩…ごく少々　→手に水、塩をつけ、おにぎりを作る。

だしいらず みそ汁にじゃこを使えば、うまみが出るのでだしいらずで作れます。とろりと煮えた卵をたっぷりの野菜にからめてどうぞ。副菜には高たんぱく、低カロリーのささ身を使って栄養価をさらにアップします。

材料はすべて1人分

大豆もやしとしいたけのかき玉汁献立

	カロリー	塩分
主菜	143kcal	1.9g
副菜	+141kcal	+0.8g
雑穀ご飯(120g)	+202kcal	+0g
	=486kcal	=2.7g

1 みそ汁の具を煮る

鍋にしいたけ、だし汁を入れて煮立て、豆もやしを加える。ふたをして弱火で3分煮る

2 サラダを作る

器にパプリカ、貝割れ大根を合わせて盛り、さばをほぐしながらのせる。混ぜたAをかける。

3 みそ汁を仕上げる

2にみそ2種を溶き入れる。ボウルに卵をときほぐし、円を描くように流し入れ、さっと煮て器に盛る。

大豆もやしとしいたけのかき玉汁

- 卵……1個
- 大豆もやし……½袋弱(80g)
- 生しいたけ……1枚
  - →石づきを切り落として4等分に切る。
- だし汁……180ml
- 赤みそ……小さじ1
- みそ……小さじ1

パプリカとさば缶のサラダ

- パプリカ……½個(60g)
  - →縦半分に切り、横に1cm幅に切る。耐熱皿にのせ、ふんわりとラップをかぶせて電子レンジで1分加熱する。
- さばの水煮缶……40g
- 貝割れ大根……¼パック(12g)
  - →根元を切り落とす。
- A
  - さばの水煮缶汁……大さじ½
  - オリーブ油……小さじ1
  - しょうゆ、酢……各小さじ½

ふんわり卵で

豆としいたけのうまみがしみたおつゆを、ふんわり卵でおいしくまとめます。葉酸が豊富な大豆もやしは、認知症や脳梗塞などの予防も期待できます。大豆もやしの代わりにキャベツを使ってもよいでしょう。

材料はすべて1人分

厚揚げと大根のみそ汁献立

1 大根、厚揚げを煮る
鍋にだし汁、大根を入れて煮立て、酒をふる。サラダの豚肉をゆで、豚肉を取り出してあくを取り除く。厚揚げを加え、ふたをして弱火で3分煮る。

2 サラダを作る
器にレタス、豚肉を盛り、ドレッシングをかけて、ざっとつぶしたくるみを散らす。

3 みそ汁を仕上げる
■にレタスの茎を入れてみそを溶き入れ、器に盛る。

	カロリー	塩分
主菜	179kcal	1.7g
副菜	+168kcal	+0.4g
雑穀ご飯(120g)	+202kcal	+0g
	=549kcal	=2.1g

厚揚げと大根のみそ汁
- 厚揚げ……1/3枚(80g)
  → 水洗いをして水気をふき、縦半分に切って1cm幅に切る。
- 大根……2cm(100g)
  → 薄い輪切りにしてから、せん切りにする。
- フリルレタスの茎……20g
  → 一口大にちぎる。
- だし汁……180ml
- 酒……大さじ1
- みそ……小さじ2

豚しゃぶ、レタス、くるみのサラダ
- 豚ももしゃぶしゃぶ肉(赤身)……50g
- フリルレタス……60g
  → 一口大にちぎる。
- いりくるみ……3粒(6g)
- おろし野菜ドレッシング(⇒p.63)……大さじ1

手間いらず
みそ汁の煮汁でサラダの豚肉をゆでるのが、ポイント。豚肉のうまみが汁に移り、手間も省けて一石二鳥です。注目の健康成分・サポニンやイソフラボンをはじめ、β-カロテンやビタミンCも豊富な献立。

材料はすべて1人分

納豆と小松菜のみそ汁献立

	カロリー	塩分
主菜	125kcal	1.7g
副菜	＋107kcal	＋0.8g
胚芽ご飯(120g)	＋200kcal	＋0g
	＝432kcal	＝2.5g

1 煮る
鍋にだし汁、しめじを入れて煮立て、小松菜の茎、葉の順に加える。ふたをして弱火で1分煮る。

2 あえ物を作る
ボウルにきゅうり、Aを入れてあえ、ちくわを加えて混ぜ、器に盛る。

3 みそ汁を仕上げる
1にみそを溶き入れ、納豆を加えてさっと煮る。器に盛り、溶きがらしを添える。

納豆と小松菜のみそ汁
- 納豆……1パック(40g)
- 小松菜……大1株(50g)
  → 根元に十字の切り目を入れ、4cm長さに切る。
- しめじ……小½パック(50g)
  → 石づきを切り落とし、ほぐす。
- だし汁……180ml
- みそ……小さじ2
- 添付の溶きがらし……少々

たたききゅうりとちくわのピリ辛あえ
- きゅうり……1本(100g)
  → すりこぎでたたき、一口大にする。
- ちくわ……小1本(30g)
  → 斜めに3mm幅に切る。
- A
  - ごま油……大さじ½
  - 酢……小さじ½
  - 豆板醤……少々

良質のたんぱく源
大豆を蒸して発酵させた納豆のたんぱく質は、消化しやすいのが特徴です。みそ汁に入れると、とろみがついて体を温め、代謝もアップ。副菜はちくわのうまみ、豆板醤の辛みを生かして、薄味に仕上げます。

材料はすべて1人分

2章

脂を落として
カロリーダウン。

食べごたえ満点な肉料理の献立

　毎日の食事で大切にしたいのが肉のとり方です。肉は部位でカロリーや、含まれる栄養素や成分がかなり異なっています。

　肉を調理するときに大事なことは、含まれるたんぱく質を効率よく、健康的にとること。赤身の部位をチョイスしたり、脂肪を取り除いてから調理に使ったりします。

　たんぱく質が不足すると、筋肉量の減少、免疫力の低下、肌や髪の毛のトラブルの原因になります。1食で、赤身の部分なら70〜80gが適量です。元気な日々を送るためにも、しっかりと心がけておきましょう。

　一方、脂肪をとりすぎると摂取カロリーをオーバーしたり、コレステロール値が上昇しやすくなって動脈硬化などの生活習慣病の引き金にもなりかねません。

　肉料理には、必ずたっぷりの野菜やきのこ、海藻などを組み合わせて、栄養バランスのよい、満足感のある献立に仕上げましょう。

肉の選び方

脂肪の少ない赤身の部位を選ぶ

脂肪の少ない部位はこれがおすすめ。たんぱく質を多く含み、カロリーも低いので安心です。

ひき肉も脂肪の少ないものを

鶏ひき肉は皮の部分、豚ひき肉や牛ひき肉は脂肪の部分が含まれていることが多いので、白っぽくないものを選びます。心配なときは、希望の部位をひいてもらうのがおすすめです。

脂肪は切り落とす

豚ロース肉など、脂肪がたっぷりついているものは、包丁で取り除くこと。100gあたりの豚ロース肉から18gの脂肪を取り除くと、134kcalマイナスできます。

鶏もも肉の皮も取り除く

脂肪の多い鶏もも肉の皮は取り除くこと。1枚250gで275kcalマイナスできます。

	カロリー	塩分
主菜	213kcal	1.3g
副菜	＋62kcal	＋0.7g
雑穀ご飯(120g)	＋202kcal	＋0g
	＝477kcal	＝2.0g

焼きから揚げ献立

1 鶏肉に下味をつける

ボウルに鶏肉、Aを入れ、手でよくもみ込む。

2 鶏肉、ズッキーニを焼く

フライパンにオリーブ油を弱めの中火で熱し、**1**に小麦粉をまぶしてから入れる。あいているところにズッキーニを置き、ふたをして3分焼く。

3 あえ物を作り、鶏肉、ズッキーニを返す

パプリカとキャベツの水気をふいて塩昆布、オリーブ油を加え、あえて器に盛る。**2**の上下を返してズッキーニにBをふり、取り出して器に盛る。鶏肉はふたをしてさらに3分焼いて器に盛り、レモンを添える。

焼きから揚げ

- 鶏もも肉（皮なし）……90g
  → 1cm厚さのそぎ切りにする。
- ズッキーニ……½本（100g）
  → 縦半分に切り、縦に1cm幅に切る。
- A
  - おろししょうが、しょうゆ、酒……各小さじ1
  - こしょう……少々
- オリーブ油……大さじ½
- 小麦粉……少々
- B
  - 塩……ごく少々
  - 粗びき黒こしょう……少々
- レモン（くし形切り）……1切れ

キャベツとパプリカの塩昆布あえ

- キャベツ……1枚（50g）
  → 2〜3cm幅に切る。
- パプリカ（赤）……¼個（30g）
  → 横に薄切りにして耐熱ボウルに入れ、キャベツを重ねてふんわりラップをかぶせ、電子レンジで30秒加熱する。
- 塩昆布……大さじ1
- オリーブ油……小さじ1

脂と油をカット

から揚げをヘルシーに食べるコツは、脂肪が多い皮を取り除き、油で焼くこと。また、薄く切ることで、スピーディに火が通り、しっとりと仕上がります。副菜のキャベツには、美肌効果が期待できるビタミンCが豊富に含まれています。

材料はすべて1人分

チキン南蛮献立

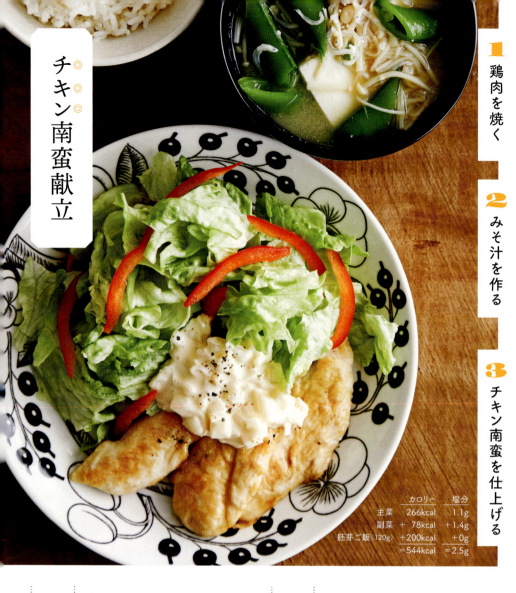

1 鶏肉を焼く
フライパンにサラダ油を中火で熱し、鶏肉に小麦粉をまぶしつけてから入れ、2分焼く。返してさらに2分焼く。

2 みそ汁を作る
鍋に分量の水、ちりめんじゃこを入れて煮立て、スナップえんどう、えのきだけを加える。ふたをして弱火で1分煮る。豆腐を加えてみそを溶き、器に盛る。

3 チキン南蛮を仕上げる
■にぽん酢しょうゆを加え、手早くからめる。器にレタス、パプリカを盛って鶏肉を盛り、混ぜたAをかけて粗びき黒こしょうをふる。

	カロリー	塩分
主菜	266kcal	1.1g
副菜	＋ 78kcal	＋1.4g
胚芽ご飯(120g)	＋200kcal	＋0g
	＝544kcal	＝2.5g

チキン南蛮
- 鶏むね肉（皮なし）……80g
  → 6〜7mm厚さのそぎ切りにする。
- レタス……2枚（60g）
  → 一口大にちぎる。
- パプリカ（赤）……⅙個（20g）
  → 横に薄切りにする。
- サラダ油……小さじ1
- 小麦粉……少々
- ぽん酢しょうゆ（市販）……大さじ½
- A
  - らっきょう（粗みじん切り）……3粒分（20g）
  - マヨネーズ……大さじ1
- 粗びき黒こしょう……少々

豆腐とスナップえんどうのみそ汁
- 絹ごし豆腐……⅙丁（50g）
  → 1cm幅に切る。
- スナップえんどう……5本（50g）
  → へたと筋を取り除き、斜め半分に切る。水にさっとつけ、水気をきる。
- えのきだけ……20g
  → 根元を切り落とし、長さを半分に切ってほぐす。
- ちりめんじゃこ……大さじ½
- 水……180ml
- みそ……小さじ2弱

代謝、食欲アップ

皮なしの鶏むね肉でしっかりとたんぱく質をとりつつも、油脂を控えたヘルシーな献立です。むね肉に含まれるイミダペプチド＋らっきょうのクエン酸は、エネルギー代謝を高め、食欲アップにも効果的。

材料はすべて1人分

1 マリネを作る

ボウルに玉ねぎを入れてBを加えて混ぜる。マッシュルーム、ミニトマトを加えて混ぜる。サラダ菜を敷いた器に盛る。

2 ささ身を焼く

フライパンにオリーブ油を中火で熱し、ささ身に小麦粉をまぶしつけてから入れる。あいているところにアスパラガスを並べ、ふたをして弱火で2分焼く。

3 チーズ焼きを仕上げる

2の上下を返してささ身に混ぜたAをぬり、チーズをのせる。アスパラガスに塩、粗びき黒こしょうをふり、ふたをして弱火で3分焼き、器に盛る。

ささ身のみそチーズ焼き

- 鶏ささ身……小2本（80g）
  → 厚みに切り込みを入れて開く。
- グリーンアスパラガス……4本（80g）
  → 根元から3cmを切り落とし、根元から1/3の皮をむく。
- オリーブ油……小さじ1
- 小麦粉……少々
- A [みそ、みりん……各小さじ1
- ピザ用チーズ……20g
- 塩、粗びき黒こしょう……各少々

マッシュルームと野菜のマリネ

- マッシュルーム……2個（20g）
  → 石づきを切り落として4mm幅に切る。
- ミニトマト……5個
  → へたを取り除き、横半分に切る。
- 玉ねぎ……1/4個（50g）
  → 横に薄切りにする。
- サラダ菜……2枚（20g）
- B [レモン汁、オリーブ油……各大さじ1/2
    塩、砂糖、こしょう……各少々

ささ身のみそチーズ焼き献立

	カロリー	塩分
主菜	254kcal	1.5g
副菜	＋97kcal	＋1.0g
はと麦ご飯(120g)	＋189kcal	＋0g
	＝540kcal	＝2.5g

ダブル発酵食品で ささ身は高たんぱく、低カロリーな優秀素材。淡泊な味わいなので、みそ＋チーズのダブル発酵食品で栄養価の高い、こくのある味に仕上げました。アスパラガスの代わりにブロッコリーやスナップえんどうでも。

材料はすべて1人分　- 31 -

豚肉のしょうがじょうゆ炒め献立

1 玉ねぎ、オクラを煮る
鍋にだし汁、玉ねぎを入れて中火にかけ、煮立ったら弱火にして3分煮る。オクラを加え、ふたをして火を止めておく。

2 豚肉を炒める
豚肉をボウルに入れ、Aを加えてからめる。フライパンにオリーブ油を中火で熱し、豚肉を入れて炒める。豚肉の色が変わったらパプリカを加え、ふたをして弱火で1分蒸し焼きにする。器に水菜を盛っておく。

3 仕上げる
■を中火にかけ、コーン、Bを加えて温め、器に盛る。2にバルサミコ酢を加えてさっと炒め、汁ごと水菜にのせる。

豚肉のしょうがじょうゆ炒め

- 豚もも肉（薄切り・赤身）……70g
  → 3等分に切る。
- パプリカ（赤）……½個（60g）
  → 縦半分に切って横に1cm幅に切る。
- 水菜……¼束（50g）
  → 4cm幅に切る。
- A ┌ おろししょうが……1かけ分
     └ 酒、しょうゆ……各大さじ½
- オリーブ油……大さじ½
- バルサミコ酢……大さじ½

和風カレーミルクスープ

- 玉ねぎ……¼個（50g）
  → 横に薄切りにする。
- オクラ……2本（20g）
  → 塩少々をふってまぶし、水洗いをする。へたを切り落として小口切りにする。
- ホールコーン（パック）……30g
- だし汁……½カップ
- B ┌ 牛乳（または低脂肪牛乳）……½カップ
     │ カレー粉……小さじ¼
     │ 塩……小さじ⅕〜¼
     └ 粗びき黒こしょう……少々

	カロリー	塩分
主菜	216kcal	1.4g
副菜	124kcal	1.6g
胚芽ご飯(120g)	200kcal	0g
	540kcal	3.0g

元気を作る 豚肉は元気のもとを作る、ビタミンB1の宝庫。スープに使った玉ねぎのアリシンがビタミンB1の吸収をアップします。炒め物の仕上げにバルサミコ酢を加えて味を引き締め、健康効果も高めます。

材料はすべて1人分

豚もも肉のとんかつ風献立

	カロリー	塩分
主菜	227kcal	1.1g
副菜	＋116kcal	＋1.9g
雑穀ご飯(120g)	＋202kcal	＋0g
	＝545kcal	＝3.0g

1 豚肉を焼く

豚肉は片面にAをふり、Bの衣を順につける。残った卵はとっておく。フライパンにオリーブ油を弱めの中火で熱し、豚肉を入れて3分焼く。返してさらに3分焼く。

2 みそ汁を作る

鍋にだし汁、にんじんを入れて煮立て、いんげんを加える。ふたをして2～3分煮る。長ねぎを加えてみそを溶き入れ、円を描くようにとき卵を流し入れてさっと煮、器に盛る。

3 仕上げる

器に豚肉を盛ってキャベツを添え、混ぜたC、溶きがらしを添える。

豚もも肉のとんかつ風

- 豚もも肉（焼き肉用）……3枚（70g）
- キャベツ……大1枚（60g）
  → せん切りにする。
- A［塩、こしょう……各少々
- B［小麦粉、とき卵、パン粉……各適量
- オリーブ油……大さじ½
- C［トマトケチャップ、中濃ソース……各小さじ1
- 溶きがらし……少々

いんげんとにんじんのかき玉汁

- さやいんげん……8本（50g）
  → へたを切り落とし、4cm長さに切る。
- にんじん……小⅓本（30g）
  → 3mm幅の半月切りにする。
- 長ねぎ……⅕本（20g）
  → 斜めに3mm幅に切る。
- とんかつで残った卵……全量
- だし汁……180㎖
- みそ……小さじ2

ヘルシー揚げ物 脂肪の少ない豚もも肉の焼き肉用を使います。薄い肉を少なめの油で焼けば、短時間で火が通り、カロリーも抑えることができます。野菜たっぷりのみそ汁を添えて、おなかも大満足のおいしさです。

材料はすべて1人分

豚肉とかぼちゃのピリ辛炒め献立

	カロリー	塩分
主菜	264kcal	1.2g
副菜	+66kcal	+1.0g
胚芽ご飯(120g)	+200kcal	+0g
	=530kcal	=2.2g

- 34 -

1 蒸し焼きにする

フライパンにサラダ油を弱めの中火で熱し、かぼちゃを並べ入れる。フライパンのあいているところに豚肉をほぐしながら加え、かぼちゃの上下を返す。しめじ、ししとうを加え、さっと炒めて酒をふる。ふたをして弱火で1分30秒ほど蒸し焼きにする。

2 あえ物を作る

ボウルに白菜を入れ、Bを加えてよく混ぜる。桜えび、長ねぎを加えて混ぜ、器に盛る。

3 炒め物を仕上げる

1にAを加えて全体にからめ、器に盛る。

豚肉とかぼちゃのピリ辛炒め

- 豚もも肉（薄切り・赤身）……60g
  → 4cm幅に切り、酒大さじ½をからめる。
- かぼちゃ……80g
  → わたと種を取り除き、5mm厚さ、3〜4cm幅に切る。
- しめじ……小⅓パック（30g）
  → 石づきを切り落とし、ほぐす。
- ししとうがらし……5本（20g）
  → へたを少し切り落とし、包丁の先で1か所刺す。
- サラダ油……大さじ½
- 酒……大さじ1
- A ┌ 酒、しょうゆ……各小さじ1
    └ 豆板醤……少々

白菜の桜えびあえ

- 白菜……大1枚（100g）
  → 長さ5cmに切り、縦に細切りにする。
- 桜えび（乾燥）……大さじ1強（3g）
  → 耐熱ボウルに入れ、ラップをかぶせずに電子レンジで10秒ほど加熱する。
- 長ねぎ（粗みじん切り）……5cm分
- B ┌ ごま油……小さじ1
    └ 塩、砂糖、こしょう……各少々

免疫力アップ

豚肉のうまみ、かぼちゃの甘み、豆板醤の辛みがおいしく溶け合って、絶品。かぼちゃのビタミンA、C、E＋豚肉のビタミンB_1パワーで免疫力アップの効果も期待できます。箸休めには、さっぱりとしたあえ物を。生の白菜でビタミンCや葉酸をとることができます。

材料はすべて1人分

1 野菜を焼く
フライパンにオリーブ油を弱めの中火で熱し、じゃがいも、玉ねぎを入れる。塩、粗びき黒こしょう各少々をふり、3〜4分焼く。

2 サラダを作る
器にレタス、にんじんを盛り、ヨーグルトマヨネーズをかける。

3 牛肉を加える
牛肉の両面に塩、粗びき黒こしょう各少々をふり、■に入れる。ふたをして1分焼く。すべての上下を返し、ふたをしてさらに1分蒸し焼きにする。牛肉を食べやすく切って器に盛り、しょうゆをかけてじゃがいも、玉ねぎを添える。

牛肉のペッパーステーキ献立

	カロリー	塩分
主菜	226kcal	1.8g
副菜	+109kcal	+0.6g
はと麦ご飯(120g)	+189kcal	+0g
	=524kcal	=2.4g

牛肉のペッパーステーキ
- 牛もも肉(ステーキ用・赤身)……80g
- じゃがいも……小½個(50g)
  → 皮をむいて1cm幅の輪切りにし、耐熱皿にのせる。ふんわりとラップをかぶせて電子レンジで1分加熱する。
- 玉ねぎ……¼個(50g)
  → 1cm幅の輪切りにする。
- オリーブ油……大さじ½
- 塩、粗びき黒こしょう……各適量
- しょうゆ……少々

レタスとにんじんのサラダ
- ロメインレタス……小5〜6枚(70g)
  → 食べやすい大きさにちぎる。
- にんじん……30g
  → ピーラーで細長い薄切りにする。
- ヨーグルトマヨネーズ(⇨p.63)……大さじ2

省手間献立
牛肉をシンプルな塩こしょう味で焼いて、素材の持ち味を楽しみます。つけ合わせも一緒に焼いて、時短&省手間に。ビタミンたっぷりのサラダを添えれば、栄養バランス抜群の献立の完成です。

材料はすべて1人分

	カロリー	塩分
主菜	310kcal	1.7g
副菜	+ 36kcal	+1.0g
胚芽ご飯（120g）	+200kcal	+0g
	=546kcal	=2.7g

焼き肉サラダ献立

1 生野菜を盛る
器にサニーレタス、トマト、スプラウトを合わせて盛る。

2 牛肉を焼く
ボウルに牛肉、Aを入れてもみ込む。フライパンを中火で熱し、牛肉を入れて強火で炒める。牛肉の色が変わったら、汁ごと■にかけてレモンを添える。

3 スープを作る
鍋にB、まいたけ、長ねぎを入れて煮立て、あくを取り除く。わかめ、Cを加えてさっと煮、器に盛る。

焼き肉サラダ
- 牛もも切り落とし肉（赤身）……80g
- サニーレタス……2〜3枚（60g）
  → 食べやすい大きさにちぎる。
- トマト……½個（75g）
  → へたを取り除き、縦半分に切って横に1cm幅に切る。
- スプラウト……⅔パック（20g）
- A
  - 白すりごま……大さじ1
  - 焼き肉のたれ（市販）……大さじ1強
  - 酒、ごま油……各大さじ½
- レモン（半割り）……1切れ

まいたけとわかめのスープ
- まいたけ……⅓パック（30g）
  → ほぐす。
- カットわかめ（乾燥）……小さじ1
- 長ねぎ……½本（50g）
  → 斜めに1cm幅に切る。
- B
  - 水……¾カップ
  - 酒……大さじ½
  - 鶏ガラスープのもと（顆粒）……小さじ¼
- C
  - しょうゆ……小さじ½
  - こしょう……少々

具だくさんサラダ
生野菜の上に炒めた肉をドカンとのせて、ダイナミックに。仕上げにレモンをしぼって、味をきりっと引き締めます。レモンに含まれるビタミンCが牛肉の鉄分の吸収をアップ。体にもうれしい献立です。

	カロリー	塩分
主菜	235kcal	1.2g
副菜	+115kcal	+1.6g
胚芽ご飯(120g)	+200kcal	+0g
	=550kcal	=2.8g

トマトハンバーグ献立

1 ハンバーグ、トマトを焼く

ボウルにひき肉、Aを入れて混ぜ、平たい円形にまとめる。フライパンにオリーブ油を中火で熱してたねを入れ、ふたをして弱めの中火で3〜4分焼く。返してトマトの切り口を下にして入れ、酒をふってふたをして3〜4分焼く。

2 スープを作る

鍋に分量の水、コンソメ、長芋、玉ねぎを入れて煮立て、ブロッコリーを加える。ふたをして弱火で4〜5分煮る。マッシャーでつぶし、豆乳を加えて温める。味をみて塩、こしょうをふり、器に盛る。

3 仕上げる

器にハンバーグを盛ってトマトをのせ、混ぜたBをかける。ベビーリーフを添える。

トマトハンバーグ

- 牛ひき肉(赤身)……70g
- トマト……½個(75g)
  - →切り口の反対側を少し切り落とす。
- ベビーリーフ……小½パック(15g)
- A
  - おろし玉ねぎ……大さじ1
  - パン粉……大さじ2
  - 豆乳(調製)……大さじ1
  - かたくり粉……小さじ½
  - 塩……小さじ⅙
  - 粗びき黒こしょう……少々
- オリーブ油……小さじ1
- 酒……大さじ½
- B
  - バルサミコ酢、しょうゆ……各小さじ⅓

ブロッコリーの豆乳ポタージュ

- ブロッコリー……⅕個(50g)
  - →小房に切り分けて水にさっとつけ、水気をきる。
- 長芋……1.6cm(30g)
  - →棒状に切る。
- 玉ねぎ(すりおろし)……大さじ1
- 水……½カップ
- チキンコンソメ(固形)……½個
- 豆乳(調製)……½カップ
- 塩、こしょう……各少々

健康成分豊か

ハンバーグと一緒にリコピンが豊富なトマトを焼いて、ソース代わりにからめながらいただきます。スープには豆乳を使って、健康成分・イソフラボンやサポニンなどをおいしく取り入れましょう。

材料はすべて1人分

ドライカレー献立

1. **カレーの野菜を加熱**
耐熱ボウルに玉ねぎ、ピーマンを入れ、ふんわりとラップをかぶせて電子レンジで1分30秒加熱する。

2. **ピクルスを作る**
耐熱ボウルにカリフラワー、にんじん、Bを入れ、ふんわりとラップをかぶせて電子レンジで1分加熱する。上下を返して器に盛る。

3. **カレーを作る**
フライパンにオリーブ油、ひき肉、Aを入れて中火で熱し、平らに広げて炒める。ひき肉の色が変わったら、■を加えて炒め合わせ、カレー粉をふり入れて炒める。味をみて塩、こしょうを加え、器に盛ったご飯にかける。

	カロリー	塩分
主菜	288kcal	1.8g
副菜	+38kcal	+0.4g
胚芽ご飯(120g)	+200kcal	+0g
	=526kcal	=2.2g

ドライカレー

- 豚ひき肉（赤身）……80g
- 玉ねぎ……¼個（50g）
  → 1cm角に切る。
- ピーマン……1個（30g）
  → 1cm角に切る。
- A
  - おろししょうが……1かけ分
  - おろしにんにく……少々
  - トマトケチャップ、酒……各大さじ1
  - しょうゆ……小さじ1
- オリーブ油……大さじ½
- カレー粉……大さじ½
- 塩、こしょう……各少々

カリフラワーとにんじんのピクルス

- カリフラワー……80g
  → 小房に切り分け、水にさっとつけて水気をきる。
- にんじん……20g
  → 5mm角の棒状に切る。
- B すし酢、水……各大さじ1

電子レンジで時短

豚ひき肉に、玉ねぎやにんにくに含まれるアリシンが加わると代謝がアップし、疲労回復の効果も得られます。野菜はレンジでチンしてから加えると甘みが出て、スピーディに調理ができます。

材料はすべて1人分

コレステロール対策にいい油をとろう!

3章 毎日食べたい魚介料理の献立

　脂質には大別すると、飽和脂肪酸と不飽和脂肪酸があり、両者は異なる性質を持ち合わせています。前者は肉やラードなどの脂質で、常温で固まるのが特徴。とりすぎると血中のコレステロール値が増加し、高血圧などの生活習慣病の原因になってしまいます。

　一方、後者はまぐろやいわしなどの魚類や、オリーブ油やごま油などの植物油に多く含まれている、おすすめの油です。常温で固まりにくいのが特徴。血中の中性脂肪を減少させる働きのほか、さまざまな体にいい健康効果が注目を浴びています。

　魚の油に多く含まれているのが、不飽和脂肪酸の一種・DHAとEPA。前者は脳の機能を向上させる働きがあり、後者は血栓を防いだり、血液をさらさらにする働きがあります。どちらも体内で合成できない成分なので、食事から摂取することが大切です。

　食の多様化で魚料理の減少が目立つ日本の食卓ですが、いま一度そのよさを見直して、積極的に取り入れましょう。毎日登場させるのが理想的です。

　ここで紹介する魚料理は、刺身、切り身、缶詰を使った下ごしらえいらずのものばかり。とにかく早く、おいしく、ヘルシーにがモットーです。調理や味つけに変化をつけて、楽しみながら作ってみてください。

体にいい油のとり方

DHA、EPAは刺身でとるのが効果的

DHA、EPAは熱で酸化しやすいので、生の刺身でとるのがおすすめです。いわしやさばなどの青背魚、まぐろのトロの部分に多く含まれています。脂肪の多いものはカロリーが高いので、食べる量に注意が必要です。

煮汁ごと食べられる料理も◎

生が難しいときは、蒸し煮や煮物にしましょう。魚の油が流出しても煮汁に溶け込んでいるので、それごと食べれば摂取できます。

調理の油も必ず体にいいものを

味つけやドレッシングには、不飽和脂肪酸を含む、オリーブ油やごま油を使います。炒め物やソテーなどの加熱料理は、サラダ油代わりに米油もよいでしょう。

魚缶は缶汁も調理に使って

魚缶なら、手軽においしく体にいい油をとることができます。魚のうまみと健康成分が溶け出た缶汁は必ず使います。ただし、塩分をとりすぎないように食べる量を守ってください。

かつおとアボカドのカルパッチョ献立

	カロリー	塩分
主菜	295kcal	0.9g
副菜	＋43kcal	＋1.0g
すだちご飯	＋192kcal	＋0g
	＝530kcal	＝1.9g

1 ほうれん草をゆでる

鍋に熱湯を沸かして塩少々(分量外)を入れ、ほうれん草の根元、葉の順に入れてさっとゆでる。水にとって冷まし、水気を絞る。

2 おひたしを仕上げる

えのきだけの耐熱皿にほうれん草を加えてあえ、器に盛る。

3 カルパッチョを作る

器にレタスを敷いて紫玉ねぎ、アボカド、かつおを合わせて盛り、ごまみそドレッシングをかける。

かつおとアボカドのカルパッチョ

- かつお(刺身用)……80g
  → 水気をふき、5mm幅に切る。
- アボカド……小½個(40g)
  → 縦に5mm幅に切る。
- 紫玉ねぎ……30g
  → 横に薄切りにする。
- レタス……2枚(60g)
  → 食べやすい大きさにちぎる。
- ごまみそドレッシング(⇒p.62)……大さじ2

ほうれん草とえのきのおひたし

- ほうれん草……小½束(100g)
  → 根元に十文字の切り目を入れ、4cm長さに切る。
- えのきだけ……⅓袋(30g)
  → 根元を切り落とし、長さを半分に切ってほぐす。耐熱皿にのせ、めんつゆ(3倍濃縮タイプ)、酒各大さじ½をふって混ぜる。ふんわりとラップをかぶせて電子レンジで40秒加熱する。

刺身を洋風に

かつおにアボカドや野菜を加え、サラダ仕立てでいただく洋風刺身。こくのあるみそ味のドレッシングが、かつおのうまみを引き立てます。かつおはたんぱく質のほか、血合いには鉄分が含まれているので、貧血予防にも役立ちます。アボカドの代わりにそら豆を使っても。

[すだちご飯]
はと麦ご飯…120g、すだち(半割り)…1切れ、焼きのり(4等分)…2枚分
→ 器にご飯を盛ってすだちをしぼる。焼きのりを添える。

材料はすべて1人分

あじのなめろう丼献立

	カロリー	塩分
どんぶり	368kcal	1.4g
副菜	＋ 99kcal	＋0.9g
	＝467kcal	＝2.3g

1 きんぴらの材料を加熱する

耐熱ボウルにしらたき、蓮根、にんじんの順に重ね、Aを加える。ふんわりとラップをかぶせ、電子レンジで2分加熱する。

2 なめろう丼を作る

ボウルにあじを入れてみそを加えて混ぜる。きゅうり、長ねぎ、しょうがを加え、オリーブ油を加えてあえる。器にご飯を盛ってなめろうをのせ、スプラウトを添える。

3 きんぴらを仕上げる

■のラップをはずし、電子レンジで30秒加熱する。全体を混ぜて器に盛り、一味とうがらしをふる。

あじのなめろう丼

- あじ（刺身）……80g
  → 水気をふき、5mm角に切る。
- きゅうり……½本（50g）
  → ポリ袋に入れてすりこぎでたたく。
- 長ねぎ（粗みじん切り）……5cm分
- しょうが（せん切り）……½かけ分
- スプラウト……⅓パック（10g）
  → 根元を切り落とす。
- みそ……大さじ½
- オリーブ油……小さじ1
- 胚芽ご飯……120g

蓮根とにんじんのレンジきんぴら

- 蓮根……50g
  → 皮をむき、薄い半月切りにする。
- にんじん……小⅓本（50g）
  → スライサーでせん切りにする。
- しらたき（あく抜き済み）……50g
  → 食べやすい長さに切る。
- A ┃ ごま油……小さじ1
    ┃ めんつゆ（3倍濃縮タイプ）……大さじ½
- 一味とうがらし……少々

香味野菜がきく

うまみの濃いあじ、たたいたきゅうりの食感が楽しいメニューです。長ねぎ、しょうがの香味野菜を加えて味わいのアクセントに。血行を促し、あじに含まれる油の酸化を防ぐため、DHAやEPAの吸収を促す働きもあります。

材料はすべて1人分

まぐろのキムチ納豆あえ献立

	カロリー	塩分
主菜	246kcal	1.6g
副菜	＋ 40kcal	＋0.8g
雑穀ご飯(120g)	＋202kcal	＋0g
	＝488kcal	≒2.4g

（副菜の汁は除く）

1 あえ物を作る

ボウルにまぐろを入れ、Aを加えて混ぜる。納豆、オクラ、長芋を加えてあえ、器に盛る。キムチを添える。

2 煮びたしを作る

鍋にB、ちりめんじゃこを入れて煮立て、小松菜の茎、葉の順に加える。ふたをして弱火で1～2分煮る。上下を返してさっと煮、器に盛る。

消化をサポート

キムチ、納豆のダブル発酵食品で、おいしく健康作りができます。発酵食品は腸の働きを活発にし、消化をサポート。良質のたんぱく質、ビタミン、ミネラル、食物繊維を含む栄養バランスのよい献立です。

まぐろのキムチ納豆あえ

- まぐろ（刺身・赤身のぶつ切り）……60g
  → 水気をふく。
- 白菜キムチ（カット済み）……20g
- 納豆……1パック（40g）
- オクラ……3本
  → 塩少々をふってこすり、水洗いをする。水気をふいてへたを切り落とし、小口切りにする。
- 長芋……3cm（60g）
  → 皮をむいてポリ袋に入れ、すりこぎでたたく。
- A ┌ しょうゆ、ごま油……各小さじ1
    └ 納豆に添付のたれ……⅓袋

小松菜とじゃこの煮びたし

- 小松菜……小½束（120g）
  → 根元に十文字の切り目を入れ、4cm幅に切る。
- ちりめんじゃこ……大さじ1
- B ┌ 水……¼カップ
    │ 酒……大さじ1
    └ しょうゆ……小さじ1

材料はすべて1人分

さばのカレームニエル献立

	カロリー	塩分
主菜	272kcal	1.4g
副菜	＋ 67kcal	＋0.5g
雑穀ご飯(120g)	＋202kcal	＋0g
	＝541kcal	＝1.9g

1 さばに下味をつける

さばの両面にAをふる。

2 さば、ピーマンを焼く

フライパンにサラダ油を中火で熱し、さばに小麦粉をまぶしつけてから、皮目を下にして入れる。フライパンのあいているところにピーマン、しいたけを入れ、ふたをして弱めの中火で3分焼く。返して同様に焼く。

3 あえ物を作る

耐熱ボウルにキャベツ、油揚げ、しょうがを入れ、ふんわりとラップをかぶせて電子レンジで1分加熱する。水気をふき、すし酢を加えてあえ、器に盛る。

4 仕上げる

器に2を盛ってさばに万能ねぎをのせ、野菜にぽん酢しょうゆをかける。

さばのカレームニエル

- さば（切り身）……小1切れ（70g）
  → 酒大さじ1をふって汁気をふき、皮目に1cm幅の切り目を3本入れる。
- カラーピーマン（オレンジ、黄）……各1個（各30g）
  → 縦半分に切ってへたと種を取り除く。
- 生しいたけ……1枚
  → 石づきを切り落とし、半分に切る。
- A ┌ 塩、カレー粉……各少々
- サラダ油……大さじ½
- 小麦粉……少々
- 万能ねぎ（斜め切り）……1本分
- ぽん酢しょうゆ（市販）……小さじ1

キャベツと油揚げの甘酢あえ

- キャベツ……2枚（100g）
  → 2～3cm幅に切る。
- 油揚げ……⅓枚（10g）
  → 水洗いをして水気をふき、縦半分に切って1cm幅に切る。
- しょうが……1かけ
  → 皮をむいてせん切りにする。
- すし酢……大さじ½

青背魚パワー

さばには、体にもおいしい優秀な油がたっぷり。その油の酸化を防ぐのが、β-カロテン、ビタミンCが豊富なピーマンやキャベツです。カレー粉のスパイシーな香り、油のこくで、さば独特のうまみがさらに際立ちます。あじやいわしなど、ほかの青背魚でもおいしい。

材料はすべて1人分

さわらと蓮根のしょうが照り焼き献立

	カロリー	塩分
主菜	292kcal	1.5g
副菜	+57kcal	+1.4g
胚芽ご飯(120g)	+200kcal	+0g
	=549kcal	=2.9g

作り方⇨p.50

鮭と白菜の蒸し煮献立

	カロリー	塩分
主菜	215kcal	1.8g
副菜	+ 72kcal	+1.0g
胚芽ご飯(120g)	+200kcal	+0g
	=487kcal	=2.8g

作り方⇨p.50

やりいかとキャベツのにんにく炒め献立

作り方⇨p.50

	カロリー	塩分
主菜	199kcal	1.2g
副菜	+ 71kcal	+1.0g
はと麦ご飯(120g)	+189kcal	+0g
	=459kcal	=2.2g

さわらと蓮根のしょうが照り焼き献立

さわらと蓮根のしょうが照り焼き

さわら（切り身）……1切れ（80g）
→水気をふく。
蓮根……60g
→5mm幅の輪切りにする。
長ねぎ……⅓本（30g）
→斜めに切り目を入れながら斜めに3等分に切る。
サラダ油……大さじ½
かたくり粉……適量
A［ おろししょうが……1かけ分
　 酒、みりん、しょうゆ……各大さじ½ ］
春菊の葉……2本分（15g）

アスパラガスと油揚げのみそ汁

グリーンアスパラガス……3本（60g）
→根元から3cm切り落とす。根元のほうから⅓ほど皮をむき、4cm長さに切る。
油揚げ……⅛枚（6g）
→水洗いをして水気をふき、縦半分に切って1cm幅に切る。
えのきだけ……20g
→根元を切り落とし、1cm幅に切ってほぐす。
だし汁……¾カップ
みそ……大さじ½強

鮭と白菜の蒸し煮献立

鮭と白菜の蒸し煮

甘塩鮭……1切れ（80g）
→酒大さじ1をからめて汁気をふく。
白菜……2枚（150g）
→5cm長さに切り、縦に1cm幅に切る。
しめじ……小⅓パック（30g）
→石づきを切り落とし、ほぐす。
A［ 麹甘酒、酒……各大さじ1
　 水……¼カップ
　 塩……ごく少々 ］
レモン（くし形切り）……1切れ

きゅうりとトマトのめかぶサラダ

きゅうり……½本
→小さめの乱切りにする。
トマト……½個（75g）
→へたを取り除き、小さめの乱切りにする。
めかぶ（味のついていないもの）……1パック（75g）
B［ ごま油……小さじ1
　 しょうゆ……小さじ1弱 ］
おろししょうが……⅓かけ分

やりいかとキャベツのにんにく炒め献立

やりいかとキャベツのにんにく炒め

やりいかの胴……小2はい（120g）
→2cm幅に切る。
キャベツ……2枚（100g）
→芯は薄切りにし、葉は3〜4cm角に切る。
にんにく……1かけ
→つぶす。
赤とうがらし……1本
→斜め半分に切り、種を取り除く。
オリーブ油……大さじ½
A［ オイスターソース、酒……各小さじ1 ］

にんじんとパクチーの中国風サラダ

にんじん……75g
→スライサーでせん切りにする。
パクチー……1株（20g）
→2cm幅に切る。
B［ ごま油……小さじ1
　 酢……小さじ½
　 塩、砂糖……各小さじ⅕ ］

材料はすべて1人分

1 さわら、蓮根、長ねぎを焼く

フライパンにサラダ油を中火で熱し、さわらにかたくり粉をまぶしつけてから入れる。あいているところに蓮根、長ねぎを入れ、ふたをして弱火で3分焼く。返して同様に3分焼く。

2 みそ汁を作る

鍋にだし汁、油揚げを入れて煮立て、アスパラガス、えのきだけを加える。ふたをして弱火で1分煮る。みそを溶き入れ、器に盛る。

3 しょうが照り焼きを仕上げる

■の余分な油をペーパータオルでふき、Aを加えてからめる。器に汁ごと盛り、春菊を添える。

高血圧予防

さわらの身はやわらかで割れやすいので、かたくり粉をまぶしてから焼きます。そうすることでうまみがぎゅっと閉じ込められ、しょうがだれもおいしくからみます。さわら、春菊は高血圧予防の働きがある、カリウムが豊富。旬の時期は、積極的にいただきたいものです。

---

1 白菜、鮭、しめじを蒸し煮にする

フライパンに白菜を敷いて鮭をのせ、しめじを散らす。Aを加えて中火にかけ、煮立ったらふたをして弱めの中火で5分蒸し煮にする。

2 サラダを作る

器にきゅうり、トマト、めかぶを合わせて盛り、Bをかけてしょうがを添える。

3 蒸し煮を仕上げる

器に■を盛り、レモンを添える。

美肌作りに

塩鮭のうまみと塩気が調味料代わり。麹甘酒をかくし味に使って、風味豊かに仕上げます。鮭のアスタキサンチン、トマトのカロテン、レモンのビタミンCは美肌作りに、免疫力アップにも効果的です。

---

1 サラダを作る

ボウルににんじん、パクチーを入れ、Bを加えて混ぜ、器に盛る。

2 にんにく、赤とうがらしを炒める

フライパンにオリーブ油、にんにく、赤とうがらしを入れて中火にかける。油が温まったら、弱火にして炒める。

3 炒め物を仕上げる

❷を中火にしていかを加えてさっと炒め、キャベツをのせる。ふたをして1分蒸し焼きにする。Aを加え、手早く炒めて器に盛る。

タウリン豊か

火通りがよく、やわらかないかは時短調理におすすめの食材。オイスターソースのうまみと香りで、キャベツの甘みを引き出します。いかには肝臓の働きを助ける、タウリンが豊富です。β-カロテンたっぷりの簡単サラダを添えたバランス抜群の献立です。

いわし缶となすのトマト煮献立

	カロリー	塩分
主菜	230kcal	1.8g
副菜	＋128kcal	＋0.7g
万能ねぎご飯	＋191kcal	＋0g
	＝549kcal	＝2.2g

作り方⇨p.54

鮭缶と豆腐のせ丼献立

作り方⇨p.54

	カロリー	塩分
どんぶり	413kcal	2.0g
副菜	+ 43kcal	+0.4g
	=456kcal	=2.4g

- 53 -

いわし缶となすのトマト煮献立

いわし缶となすのトマト煮

- いわしの水煮缶……60g
- いわしの水煮缶汁……大さじ2
- なす……小1本(70g)
  → へたを切り落とし、縦4等分に切って2cm幅に切る。炒めるまで水につけて水気をきる。
- トマト……1個(150g)
  → へたを取り除き、2cm角ほどのざく切りにする。
- おろしにんにく……少々
- オリーブ油……小さじ1
- A [タイム(乾燥)……少々
     酒……大さじ1]
- 塩、こしょう……各少々

サニーレタスとゆで卵のサラダ

- サニーレタス……2〜3枚(60g)
  → 食べやすい大きさにちぎる。
- ゆで卵……1個
  → フォークで粗くつぶす。
- ヨーグルトマヨネーズ(⇒p.63)……大さじ1

［万能ねぎご飯］はと麦ご飯…120g、万能ねぎ(小口切り)…1本分 →ご飯に万能ねぎを混ぜる。

鮭缶と豆腐のせ丼献立

鮭缶と豆腐のせ丼

- 鮭の水煮缶……50g
  → 粗くほぐす。
- 木綿豆腐……¼丁(75g)
  → ちぎってペーパータオルにのせる。
- レタス……2枚(60g)
  → 1cm幅に切って耐熱皿にのせ、ふんわりとラップをかぶせて電子レンジで30秒加熱し、水気をふく。
- スプラウト……⅓パック(10g)
  → 根元を切り落とす。
- 長ねぎ(小口切り)……5cm分
- A [鮭の水煮缶汁、しょうゆ……各大さじ½
     ごま油……小さじ1
     オイスターソース……小さじ½
     こしょう……少々]
- 胚芽ご飯……120g

大根とクレソンのサラダ

- 大根……1.5cm(75g)
  → 薄い輪切りにしてからせん切りにする。
- クレソン……½束(25g)
  → 4cm幅に切る
- 梅ドレッシング(⇒p.63)……小さじ2

魚缶を常備しておいしく栄養管理

魚缶はたんぱく質のほか、体にいい油、DHA、EPAが豊富。また、骨ごと加圧殺菌されているので、カルシウムをとることもできます。下ごしらえも不要なので、時短調理にもおすすめです。

①賞味期限をチェック！

賞味期限は製造から約3年が目安です。さば缶の食べごろは、半年くらいたったものが味がなじんでおいしいと言われています。

材料はすべて1人分

1 なす、いわし、トマトを煮る

鍋にオリーブ油、にんにくを入れて中火で炒め、香りが立ったらなすを加えて炒め合わせる。全体に油が回ったら、いわし、缶汁、トマト、Aを加える。煮立ったらふたをして弱めの中火で4分煮る。

2 サラダを作る

器にサニーレタス、ゆで卵を合わせて盛り、ヨーグルトマヨネーズをかける。

3 トマト煮を仕上げる

■の味をみて、塩、こしょうを加え、器に盛る。

夏野菜で元気

なす、トマトの夏野菜がたっぷり。体の中から元気になるメニューです。いわし缶なら下ごしらえいらずで、スピーディに作れます。カルシウムが豊富なので、骨や歯を強化する働きも。しゃっきり歯ごたえのいいサラダを添えて、最後まで飽きずにいただきます。

---

1 サラダの野菜を盛る

器に大根、クレソンを合わせて盛る。

2 どんぶりを作る

器にご飯を盛ってレタス、長ねぎをのせる。鮭、豆腐をのせ、スプラウトを散らす。混ぜたAをかける。

3 サラダを仕上げる

■に梅ドレッシングをかける。

シンプル調理

温かいご飯に具をのせるだけでできる、超簡単どんぶりです。副菜にはしゃきしゃきの歯ごたえが楽しいサラダを添えて、献立にアクセントをつけます。生の大根には、ビタミンCが含まれています。消化酵素・ジアスターゼも含んでいます。

---

②アレンジがしやすい水煮缶がおすすめ

味がついているかば焼きやみそ煮缶は、そのまま食べることが多く塩分も高めです。水煮缶なら、和、洋、中のさまざまな調理法や味つけで楽しむことができます。

③保存するときは

あけていない缶詰は、さびなどが発生しないように、直射日光の当たらない涼しい場所で保管します。あけてしまった缶詰は、生の食品同様に取り扱うこと。密閉容器に移し替え、冷蔵庫で保存します。2日以内に食べるようにしましょう。

さば缶とにらの卵炒め献立

	カロリー	塩分
主菜	277kcal	1.4g
副菜	+62kcal	+1.0g
雑穀ご飯(120g)	+202kcal	+0g
	=541kcal	=2.4g

作り方⇨p.58

いわし缶のみそとろろグラタン献立

	カロリー	塩分
主菜	260kcal	1.4g
副菜	+82kcal	+1.0g
おにぎり	+202kcal	+0.4g
	=544kcal	=2.8g

作り方⇨p.58

さば缶バーグ献立

	カロリー	塩分
主菜	217kcal	1.4g
副菜	+131kcal	1.4g
はと麦ご飯(120g)	+189kcal	+0g
	=537kcal	=2.8g

作り方⇨p.58

さば缶とにらの卵炒め献立

さば缶とにらの卵炒め

さばの水煮缶……60g
さばの水煮缶汁……大さじ1
にら……½束(50g)
　→3cm幅に切る。
エリンギ……大1本(60g)
　→長さを半分に切って縦半分
　　に切り、縦に3mm幅に切る。
卵……1個
ごま油……小さじ1
A
　酒……大さじ½
　しょうゆ……小さじ⅔
　粗びき黒こしょう……少々

セロリとハムの中華サラダ

セロリ……1本(100g)
　→筋を取り除き、縦半分に切って
　　斜め薄切りにする。
セロリの葉(ちぎる)……少々
ボンレスハム……1枚(20g)
　→半分に切って1cm幅に切る。
B
　酢……小さじ1
　ごま油……小さじ½
　砂糖、こしょう……各少々
　塩……ごく少々

いわし缶のみそとろろグラタン献立

いわし缶のみそとろろグラタン

いわしの水煮缶……70g
いわしの水煮缶汁……大さじ1
長芋……50g
　→すりおろす。
わけぎ……大1本(50g)
　→小口切りにする。
A
　オリーブ油、マヨネーズ
　　……各小さじ1
　みそ……小さじ⅔
　ゆずこしょう……少々

パプリカと新玉ねぎのおかかぽん酢あえ

パプリカ(黄)……小½個(50g)
　→横に薄切りにする。
新玉ねぎ(または紫玉ねぎ)……¼個(50g)
　→横に薄切りにする。
生わかめ……20g
　→さっと水洗いをして水気を絞り、
　　食べやすい長さに切る。
B
　削りがつお……½袋(2g)
　白すりごま……大さじ1
　ぽん酢しょうゆ(市販)……大さじ½

[おにぎり]雑穀ご飯…120g、塩…ごく少々　→手に水、塩をつけ、おにぎりを作る。

さば缶バーグ献立

さば缶バーグ

さばの水煮缶……70g
　→汁気をきる。
A
　玉ねぎ(みじん切り)……30g
　蓮根(すりおろし*)……大さじ2
　パン粉……大さじ2
　かたくり粉……小さじ1
　粗びき黒こしょう……少々
オリーブ油……小さじ½
ぽん酢しょうゆ(市販)……小さじ1
ベビーリーフ……小½パック(15g)

*水気が多いときはきってから使う。

アボカド入りトマトスープ

アボカド……小¼個(20g)
　→2cm角に切る。
玉ねぎ……¼個(50g)
　→縦に薄切りにする。
オリーブ油……小さじ1
B
　トマトジュース缶(無塩)……1缶(190g)
　水……¼カップ
　さばの水煮缶汁……大さじ1
　チキンコンソメ(固形)……¼個
塩、こしょう……各少々
粉チーズ……小さじ1

材料はすべて1人分

1 セロリをあえる

ボウルにセロリ、Bを入れて混ぜる。

2 炒め物を作る

ボウルに卵をときほぐす。フライパンにごま油を中火で熱し、エリンギを入れて炒める。全体に油が回ったらさば、さばの缶汁を加えて大きくほぐしながら炒める。にらを加えてAを加える。とき卵を加えて大きく混ぜ、半熟状になったら器に盛る。

3 サラダを仕上げる

器に■を盛り、ハム、セロリの葉を添える。

フライパン一つで

さば、にら、エリンギをさっと炒めたら、とき卵を加えて混ぜるだけ。フライパン一つでできるうれしいメニューです。にらに含まれる硫化アリルには疲労回復の効果もあります。副菜にはビタミンCが豊富なセロリのサラダを添えて、歯ごたえと香りをプラスしました。

---

1 グラタンを作る

耐熱容器にわけぎ（少々を飾りにとっておく）を敷いていわしを並べ、缶汁をかける。ボウルに長芋、Aを入れて混ぜ、いわしにかける。とっておいたわけぎを散らし、オーブントースターで5分焼く。

2 あえ物を作る

ボウルにパプリカ、新玉ねぎを入れ、Bを加えてあえる。わかめを敷いた器に盛る。

とろろソースでヘルシー

ホワイトソースのグラタンは高脂肪で高カロリーですが、とろろをソース代わりに使えば、ヘルシーで栄養価も◎。ビタミンたっぷり、彩りもきれいなあえ物を添えて、食卓を華やかに。しっとりと心もなごむ、和風の献立です。

---

1 さば缶バーグを焼く

ボウルにさば、Aを入れてよく混ぜ、平たい円形にまとめる。フライパンにオリーブ油を弱めの中火で熱してたねを入れ、ふたをして2〜3分焼く。返してさらに2〜3分焼く。

2 焼いている間にスープを作る

鍋にオリーブ油を中火で熱し、玉ねぎを入れて炒める。しんなりとしたらBを加える。煮立ったらふたをして弱火で3分煮、アボカド、塩、こしょうを加える。器に盛って粉チーズをふる。

3 さば缶バーグを仕上げる

器にベビーリーフを敷いて■を盛り、ぽん酢しょうゆをかける。

市販品も賢く利用

さば缶バーグのたねにすりおろした蓮根を加えて、もっちりとおいしくまとめます。その分、食物繊維や野菜量をとることができる利点も。副菜には、市販のトマトジュースを使った簡単スープ。体にいい「さばの缶汁」を味出しに使うのがポイントです。

- 59 -

欠食は危険！ 朝ごはんはルーティーンで！

ご飯

納豆ご飯献立

	カロリー	塩分
納豆ご飯	305kcal	0.4g
みそ汁	+42kcal	+1.3g
いちご	+34kcal	+0g
小梅干し	+1kcal	+0.3g
	=382kcal	=2.0g

1 かぶを煮る
鍋に分量の水、ちりめんじゃこ、かぶの根を入れて中火にかけ、煮立ったら葉を加える。ふたをして弱火で1分煮る。

2 納豆ご飯を作る
ボウルに納豆をほぐし、Aを入れて混ぜ、器に盛ったご飯にかけ、のりを添える。

3 みそ汁を仕上げる
1にみそを溶き入れ、器に盛る。

納豆ご飯
- 温かいご飯……120g
- 納豆……1パック（40g）
- A ┌ オリーブ油……小さじ½
    ├ 添付の溶きがらし……全量
    └ 添付のたれ……½量
- ばらのり（またはもみのり）……ひとつまみ

かぶとじゃこのみそ汁
- かぶ……1個（100g）
  →根は皮つきのまま、1cm幅のいちょう切り、葉は2cm幅に切る。
- ちりめんじゃこ……大さじ½
- 水……¾カップ
- みそ……大さじ½

その他
- いちご……8個（100g）
- 小梅干し……1個（2g）

体、目覚める
納豆とみその塩分に気をつけて、とりすぎに注意しましょう。温かい汁物は、血流を促し、体を目覚めさせてくれます。

- 60 -　材料はすべて1人分

朝は忙しいし、面倒くさいからといって「つい抜いてしまう」「トーストとコーヒーだけ」ということはありませんか？　朝食は、元気な一日をスタートさせるためにとても重要な食事です。だからといって、ただやみくもに食べればいいというわけではありません。

まず「食べるもの」を決めて、「必要な食材」を当てはめる発想で組んでみることです。

たとえば、ご飯なら、納豆＋みそ汁＋フルーツと決めておけば、納豆でたんぱく質、みそ汁の野菜とフルーツでビタミン、ミネラル、食物繊維がとれ、自然と栄養バランスのよい献立になります。では、2パターンの具体例を見てみましょう。

パン

トースト献立

	カロリー	塩分
トースト	158kcal	0.8g
目玉焼き	＋102kcal	＋0.6g
簡単サラダ	＋56kcal	＋0.2g
キーウィヨーグルト	＋85kcal	＋0.1g
	＝401kcal	＝1.7g

1 目玉焼きを作る

フライパンにオリーブ油を中火で熱し、卵を割り入れてAをふる。ふたをして弱めの中火で2〜3分焼く。

2 ヨーグルトを作る

器にキーウィ、ヨーグルト、麹甘酒を入れる。

3 サラダを作る

器にベビーリーフ、ミニトマトを盛り、おろし野菜ドレッシングをかける。目玉焼き、トーストを盛り合わせる。

サラダを必ず

脂質、塩分をとりすぎないように、パンは何もぬらずに。冷蔵庫の残り野菜でサラダを作りましょう。

トースト
- 食パン（6枚切り）……1枚
  →軽くトーストする。

目玉焼き
- 卵……1個
- オリーブ油……小さじ½
- A［塩、粗びき黒こしょう……各少々

簡単サラダ
- ベビーリーフ……15g
- ミニトマト……8個
  →へたを取り除き、縦半分に切る。
- おろし野菜ドレッシング（⇒p.63）……小さじ2

キーウィヨーグルト
- キーウィフルーツ……1個（80g）
  →皮をむき、1cm幅のいちょう切りにする。
- プレーンヨーグルト……大さじ2
- 麹甘酒……大さじ1〜2

材料はすべて1人分

朝食の組み立て方

4グループの食材を意識して取り入れれば、自然と栄養バランスのよい食事になります。

ご飯 or パン

主な栄養素：炭水化物
働き：脳を活発に動かし、記憶力、判断力をアップする。

ご飯：血糖値の上昇がゆるやかで、ゆっくりと時間をかけて消化・吸収されるので、腹もちがいいのが特徴。昼食にパスタなどの麺類を食べるときは、ご飯食がおすすめ。
パン：食パン6枚切り1枚が適量。バターなどの油脂や甘いジャムはカロリー過多になるので注意。

卵 or 納豆

主な栄養素：たんぱく質
働き：筋肉、皮膚、血液、髪の毛などを作る。毎日、元気にきびきびと動くために必要。

卵：良質なたんぱく質を含む。1日1個とるのが、おすすめ。
納豆：大豆を発酵させているので、消化・吸収がよく、整腸作用もある。
※昼、夕食のバランスでほかのたんぱく質素材を使ってもよい。

野菜

主な栄養素：ビタミン、ミネラル、食物繊維
働き：体の調子を整え、代謝をスムーズに行なう。

緑黄色野菜、淡色野菜を組み合わせ、さまざまな栄養素を取り入れる。合わせて100gほどとるとよい。

フルーツ

主な栄養素：ビタミン、ミネラル、食物繊維

体の余分なナトリウムを排出する、カリウムなどが豊富。フルーツに含まれる果糖は中性脂肪を増やす原因になるので、とりすぎないこと。たんぱく質を含むヨーグルトなどの乳製品と一緒にとると、腹もちがよくなる。

いい油でドレッシングの作りおきを!

玉ねぎ黒酢ドレッシング
やさしい玉ねぎの甘みが特徴。
玉ねぎのみじん切り……¼個分（50g）／黒酢、オリーブ油……各大さじ2／しょうゆ、酒*……各大さじ1／粗びき黒こしょう……少々
日もち：1週間

ごまみそドレッシング
すりごまのこくと風味たっぷり。
白すりごま、ごま油、みりん*……各大さじ2／みそ、酢……各大さじ1½／こしょう……少々
日もち：2週間

朝食は1日のリズムを作る、大切な食事です。

朝、目覚めてすぐの私たちの体は血糖値が低く、内臓や脳、神経などの働きが低下しています。
頭がぼーっとしてしまうのはそのせいです。この状態を正常に戻し、体を目覚めさせるために
必要なのが朝食です。毎日規則正しく、同じ時間にとるのが理想的です。

体温を上昇させて
エネルギー補給

睡眠中に下がった体温を上昇させ、体を起きた状態にして体と頭にエネルギーを補給します。また、朝食をとることで腸に刺激が加わり、排便もスムーズになって便秘を防ぐことも期待できます。

体内リズムと生活リズムの
ズレを直す

人間の体は、太陽がのぼっている間は活動的に動き、沈んだら休むという自然のメカニズムを持ち合わせています。これを体内リズムといいます。体内リズムが自分の生活リズムとずれてしまうと、体にとってはとても大きなストレス。体と心のバランスが保てなくなると、しっかり活動することができなくなったり、感情が不安定になってしまうことも。朝食をとることで生活にリズムがつき、このズレを修復してくれます。

朝食を抜くと起こる
さまざまな弊害

起床時の脳はエネルギーが不足しているので、エネルギー源となるブドウ糖をとらないと、いらいらしたり、集中力低下の原因に。だるさや疲労を感じやすくなる場合もあります。また、朝食をとらずに空腹のままで昼食をとると、どか食いをしてしまい、さらに体はとった栄養をため込もうとするので、肥満の原因にもなりかねません。

◎朝ごはんおすすめ献立例

- ・卵かけご飯
- ・大根と大根葉、油揚げのみそ汁
- ・りんご

- ・しらすのせご飯
- ・豚汁
- ・みかん

- ・卵ときゅうりのサンドイッチ
- ・キャロットラペ
- ・ぶどう

- ・トースト
- ・ささ身とブロッコリーのサラダ
- ・バナナ

ドレッシングは、密閉瓶に材料を入れて冷蔵庫で保存しておくだけ。使うたびに瓶をシャッカシャカ振って混ぜればOKです。
栄養をプラスしたいときや、味にアクセントをつけたいときに重宝。1回に使う量は大さじ1が目安。

ヨーグルトマヨネーズ
さっぱりとした中にも、こくがあります。
プレーンヨーグルト……大さじ3／マヨネーズ……大さじ2／オリーブ油、酢……各大さじ1／粒マスタード……小さじ2／塩……小さじ¼／こしょう……少々
日もち：4〜5日

おろし野菜ドレッシング
ビタミンたっぷりで、彩り鮮やか。
にんじん、セロリ、玉ねぎのすりおろし……各大さじ1／米油または太白ごま油……大さじ3／ワインビネガー……大さじ2／塩……小さじ½／こしょう……少々
日もち：4〜5日

梅ドレッシング
梅の酸味と香りが豊か。
梅肉……大さじ1／オリーブ油、酢……各大さじ2／めんつゆ（3倍濃縮タイプ）、酒*……各大さじ1／こしょう……少々
日もち：2週間

＊耐熱容器に入れ、電子レンジで10〜20秒加熱したもの。

何品も作りたくない昼食や、どうしても料理が面倒なときってありますよね。そんなときに大活躍するご飯と麺のメニューを紹介します。どれも1品で、栄養もボリュームも大満足。手早く作れるものばかりです。

4章

一皿でパーフェクト！

ご飯と麺

ご飯

油 — 腹もちをよくする 小さじ1〜大さじ½が目安

野菜 — TOTAL約180g

たんぱく質 — 肉は脂肪の少ない赤身の部位を80gとる

ご飯 — しっかり150gで大満足

チキンとセロリの10分カレー

麺

麺 — 乾麺70gが目安

野菜 — TOTAL約150g

たんぱく質 — 卵＋ちりめんじゃこで60g

油 — 料理にこくを加える 小さじ1〜大さじ½が目安

温泉卵とじゃこのルッコラそば

豚ひき肉と野菜のエスニック炒飯

カロリー:549kcal　塩分:1.9g

チキンとセロリの10分カレー

カロリー:489kcal　塩分:2.2g

作り方⇨p.68

作り方⇨p.68

海鮮丼

カロリー:465kcal　塩分:1.4g

作り方⇨p.68

ささ身の豆乳がゆ

カロリー:441kcal　塩分:1.5g

作り方⇨p.68

豚ひき肉と野菜のエスニック炒飯

温かいご飯……150g

豚ひき肉（赤身）……70g

さやいんげん……10本（70g）
→5mm幅に切る。

パプリカ（赤）……⅛個（20g）
→横に5mm幅に切る。

しょうが（みじん切り）……1かけ分

玉ねぎ（粗みじん切り）……¼個分（50g）

ごま油……大さじ½

A［ ナンプラー、砂糖……各小さじ1

B［ 一味とうがらし……少々
　　 塩……少々

カシューナッツ（無塩）……10g
→オーブントースターでさっと焼き、粗みじん切り。

パクチーの葉……適量

チキンとセロリの10分カレー

温かいご飯……150g

鶏もも肉（皮なし）……80g
→2〜3cm角に切る。

玉ねぎ……¼個（50g）
→横に薄切りにする。

セロリ……小1本（50g）
→筋を取らずに、葉とともに横に薄切りにする。

トマト……½個（75g）
→へたを取り除き、2cm角に切る。

A［ おろしにんにく、おろししょうが……各½かけ分
　　 酒……大さじ1
　　 塩……小さじ⅓

オリーブ油……大さじ½

カレー粉……適量

赤ワイン……大さじ2

水……120mℓ

塩……ごく少々

海鮮丼

温かいご飯……150g

刺身の盛り合わせ（はまち、まぐろなど）……80g

きゅうり……1本（100g）
→縦4等分に切り、1cm幅に切る。

焼きのり……½枚
→ちぎる。

A［ 酢……大さじ1
　　 白いりごま……小さじ1

B［ しょうゆ……小さじ1½
　　 オリーブ油……小さじ1
　　 みりん……小さじ½

青じそ……2枚

練りわさび……少々

ささ身の豆乳がゆ

温かいご飯……120g

鶏ささ身……大1本（60g）
→1cm幅に切り、塩少々、酒大さじ1をからめる。

かぶ……1個（100g）
→根は皮つきのまま、1.5cm角、葉は1cm幅に切る。

長ねぎ……½本（50g）
→小口切りにする。

ごま油……大さじ½

水……½カップ

豆乳（無調整）……⅔カップ

小梅干し……1個

塩昆布……少々

1 ひき肉、野菜を炒める

フライパンにごま油を中火で熱し、ひき肉、いんげん、しょうがを入れて炒める。ひき肉の色が変わったら、パプリカ、玉ねぎを加えて炒め合わせ、ふたをして弱火で1〜2分蒸し焼きにする。

2 ご飯を加えて調味する

■にAを加えてさっと炒め、ご飯を加えてほぐしながら炒め合わせる。Bを加えて味を調え、さっと炒める。

3 仕上げる

器に2を盛ってカシューナッツを散らし、パクチーを添える。

こくとうまみ

しょうがの風味、少量の砂糖、仕上げのとうがらしが絶妙のバランスです。かりっと歯ごたえのよいカシューナッツを散らして、こくとうまみをプラス。

---

1 鶏肉に下味をつける

ボウルに鶏肉を入れてAを加え、もみ込む。

2 鶏肉、野菜を炒める

フライパンにオリーブ油を中火で熱し、玉ねぎ、セロリを炒める。少ししんなりとしたらふたをして弱火で1〜2分蒸し焼きにする。鶏肉を加えて炒め、カレー粉大さじ½をふってさらに炒める。

3 蒸し煮にする

2に赤ワインを加えて煮立て、分量の水、トマトを加える。煮立ったらふたをして弱火で3分煮る。味をみて塩、カレー粉少々を加える。器にご飯を盛り、カレーをかける。

野菜 180g

セロリとしょうがの香りがきいた、さらりとした口当たりのカレーです。
一皿で野菜 180g がしっかりとれるのも魅力です。

---

1 ご飯にきゅうりを混ぜる

ボウルにご飯、A、きゅうりを入れて混ぜ、器に盛ってのりを散らす。

2 刺身に下味をつける

別のボウルに刺身、Bを入れてよくからめ、■にのせる。青じそをちぎって散らし、わさびを添える。

腹もちがよい

ご飯にたっぷりの野菜を加えて混ぜ、おいしさと食べごたえをアップ。刺身はしょうゆ＋オリーブ油であえて風味よく。腹もちもぐっとよくなります。

---

1 ささ身、長ねぎを炒める

鍋にごま油を中火で熱し、ささ身、長ねぎを入れて炒める。

2 かぶを加えて煮る

ささ身の色が変わったら、分量の水、かぶを加える。ふたをして弱火でさっと煮る。

3 ご飯、豆乳を加える

2にご飯を加えて混ぜ、豆乳を加える。煮立つ直前に器に盛り、小梅干し、塩昆布を添える。

消化吸収抜群

豆乳のやさしい甘みがふわっと広がる、ヘルシーな一品です。高たんぱくで低カロリー。消化・吸収もよいので疲れた日や食欲のないときにも、おすすめです。

温泉卵とじゃこのルッコラそば

カロリー:437kcal 塩分:2.6g

作り方⇨p.72

さば缶とゴーヤーのそうめんチャンプルー

カロリー:541kcal 塩分:2.1g

作り方⇨p.72

豚肉、もやし、にら入りラーメン

カロリー:478kcal　塩分:1.8g（汁を半量残す）

作り方⇨p.72

温泉卵とじゃこのルッコラそば

- そば（乾燥）……70g
- 温泉卵……1個
- ちりめんじゃこ……大さじ2
- ルッコラ……大1パック（70g）
  → 長さを3等分に切る。
- 大根……80g
  → 皮ごとすりおろし、汁ごととっておく。
- A［めんつゆ（3倍濃縮タイプ）、水……各大さじ1
     オリーブ油……大さじ½］

具だくさん

栄養バランスよくおそばを食べる秘訣は、たんぱく質素材と野菜を組み合わせること。このルールなら、にらとそばを一緒にゆでて、豚しゃぶを添えるアレンジもOK。

さば缶とゴーヤーのそうめんチャンプルー

- そうめん（乾燥）……70g
- さばの水煮缶……50g
- さばの水煮缶汁……大さじ1
- 卵……1個
- ゴーヤー……¼本（50g）
  → 縦半分に切ってわたと種を取り除き、横に3mm幅に切る。
- にんじん……小⅓本（30g）
  → スライサーでせん切りにする。
- 長ねぎ……⅔本（70g）
  → 縦半分に切り、斜めに5mm幅に切る。
- オリーブ油……小さじ1
- マヨネーズ……小さじ1
- A［しょうゆ……小さじ1
     こしょう……少々］

たっぷり野菜

マヨネーズでそうめんを炒めるとほぐれやすく、麺どうしがくっつくのを防ぎます。色とりどりの野菜を加えて、ビタミン、ミネラル、食物繊維もいっぱい。

豚肉、もやし、にら入りラーメン

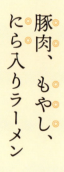

- ラーメン（乾燥・棒状）……70g
- 豚もも薄切り肉……60g
  → 一口大に切り、酒大さじ1をからめる。
- もやし……½袋（100g）
- にら……½束（50g）
  → 4cm長さに切る。
- ごま油……大さじ½
- A［だし汁……1¼カップ
     鶏ガラスープのもと（顆粒）……小さじ½］
- B［酒、しょうゆ……各大さじ1
     こしょう……適量］

1 豚肉、もやしを炒める

鍋に湯3½カップほどを沸かしはじめる。フライパンにごま油を中火で熱し、豚肉を入れて炒める。豚肉の色が変わったら、もやし、Aを加えて煮立て、1分煮る。

2 ラーメンをゆでる

1の鍋にラーメンを入れ、袋に表示された時間どおりにゆでる。

3 スープににらを加える

1のフライパンにBを加えてさっと煮、にらを加えて火を止める。

4 仕上げる

2をざるに上げて水気をきり、器に盛る。3を汁ごとかける。

身近な調味料で

豚肉、野菜のうまみがしみた、本格味のスープです。身近な調味料でささっと作れるのもうれしい。野菜のしゃっきりとした歯ごたえが残るように、さっと煮て。

材料はすべて1人分

1 そばをゆでる

フライパンに熱湯3½カップほどを沸かしてそばを入れ、袋に表示された時間どおりにゆでる。ざるに上げて水気をきり、冷水で洗って水気を絞る。

2 器に盛る

器に■とルッコラを合わせて盛り、大根おろしを汁ごとのせて混ぜたAをかける。温泉卵を割り落とし、ちりめんじゃこを散らす。

1 そうめんをゆでる

フライパンに熱湯3½カップほどを沸かしてそうめんを半分に折って入れ、袋に表示された時間より30秒ほど短めにゆでる。ざるに上げて水気をきり、冷水で洗って水気を絞る。

2 ゴーヤー、にんじん、長ねぎを蒸し焼きにする

ボウルに卵をときほぐす。フライパンの水気をふいてオリーブ油を中火で熱し、ゴーヤーを炒める。にんじん、長ねぎを加えて混ぜ、ふたをして弱火で1分30秒蒸し焼きにする。

3 さば、そうめん、とき卵を加える

2にさば、さばの缶汁を加えて混ぜ、■とマヨネーズを加えて炒め合わせる。Aで調味し、とき卵を流し入れる。大きく混ぜながら火を通し、器に盛る。

麺類の選び方

そば、そうめん、ラーメンなどの乾麺なら70g＝約258kcal が目安です。
乾麺なら量が調節でき、保存もきくのでおすすめです。
ゆでるときに湯に麺自体の塩分が流出するので、塩分とりすぎの心配もありません。
ゆで麺や冷凍麺を使うときは、減塩のもの、塩分0のものを選びましょう。

鶏肉の梅マリネ

（作り方⇒p.76）
1食分：114kcal
塩分：0.8g

味つけ冷蔵＆作りおき

ゆとりのある日に。

豚肉の粒マスタードマリネ

（作り方⇒p.76）
1食分：171kcal
塩分：1.2g

牛肉のオイスターマリネ

（作り方⇒p.76）
1食分：207kcal　塩分：1.0g

ぶりのしょうゆ麹マリネ
（作り方⇒p.76）
1食分：222kcal
塩分：0.9g

サーモンのレモンマリネ
（作り方⇒p.77）
1食分：186kcal
塩分：1.5g

ちょっと時間があるときに、作っておくと便利なストックを紹介します。肉や魚は味をつけてマリネし、冷蔵。日もちは約3日間です。そのままさっと焼いたり炒めたりするだけで、主菜が完成します。野菜は味がなじむほどおいしくなる作りおきにして、冷蔵庫で保存を。いつでも副菜代わりにパパッと使えます。

たらの中国風マリネ
（作り方⇒p.77）
1食分：107kcal
塩分：1.2g

鶏肉の梅マリネ

さっぱりと蒸し鶏にしたり、
魚焼きグリルで焼いたりしても。

材料（2食分）

鶏むね肉……160g

A［ 梅肉、酒、みりん……各小さじ2

1 鶏肉は1cm幅のそぎ切りにする。
2 密封袋2枚に1、Aを半量ずつ入れて軽く袋の上からもみ、口を閉じる。

食べ方（1食分）●耐熱皿に鶏肉をつけ汁ごと入れ、皿の周囲に沿うように置く。ふんわりとラップをかぶせて電子レンジで1分40秒加熱する。きゅうりのせん切りを敷いた器に盛る。

豚肉の粒マスタードマリネ

炒飯やパスタの具にしても、おいしい。

材料（2食分）

豚もも薄切り肉（赤身）……140g

玉ねぎ……大¼個（60g）

A［ 粒マスタード、オリーブ油、酒……各小さじ2
　　塩、砂糖……各小さじ⅔

1 豚肉は長さを半分に切る。玉ねぎは横に薄切りにする。
2 密封袋2枚に1、Aを半量ずつ入れて軽く袋の上からもみ、口を閉じる。

食べ方（1食分）●フライパンを中火で熱して豚肉をつけ汁ごと入れ、ほぐしながら炒める。

牛肉のオイスターマリネ

焼くだけで、ごちそうステーキが完成します。

材料（2食分）

牛ヒレ肉（ステーキ用）……2枚（140〜160g）

A［ オイスターソース、ごま油、酒……各小さじ2
　　しょうゆ……小さじ½
　　粗びき黒こしょう……少々
　　おろしにんにく（好みで）……少々

1 密封袋2枚に牛肉、Aを半量ずつ入れて軽く袋の上からもみ、口を閉じる。

食べ方（1食分）●フライパンを中火で熱し、牛肉を入れて1分30秒焼き、返して同様に焼く。アルミホイルに包んで5分おいて食べやすく切って器に盛り、万能ねぎの小口切り½本分を散らす。

ぶりのしょうゆ麹マリネ

麹甘酒のやさしい味わいがふわっと広がります。

材料（2食分）

ぶり（切り身）……2切れ（160g）

酒……大さじ2

A［ しょうゆ、麹甘酒……各大さじ1

1 ぶりは酒をからめ、汁気をふく。密封袋2枚にぶり、混ぜたAを半量ずつ入れて軽く袋の上からもみ、口を閉じる。

食べ方（1食分）●ぶりはくしゃくしゃにしたアルミホイルにのせ、弱めの中火に熱した魚焼きグリルで5分焼く。器に盛り、すだち（半割り）1切れを添える。

サーモンのレモンマリネ

さわやかなレモンの香りと酸味がアクセント。

材料（2食分）
生鮭（切り身）……2切れ（160g）
玉ねぎ……大¼個（60g）
セロリ……½本強（60g）
セロリの葉……少々
レモン（皮を取り除く・輪切り）……2枚
酒……大さじ2
A ┌ 塩……小さじ½〜½強
　 └ こしょう……少々
B ┌ サラダ油、白ワイン……各大さじ1

1. 鮭は酒をからめ、汁気をふいてAをふる。玉ねぎは横に薄切りにし、セロリは筋を取り除いて斜め薄切りにする。
2. 密閉袋2枚に1、セロリの葉、レモン、Bを半量ずつ入れて軽く袋の上からもみ、口を閉じる。

食べ方（1食分）●フライパンに野菜を置いて鮭をのせ、つけ汁をかける。まわりに白ワイン大さじ2をふり、ふたをして中火にかける。煮立ったら弱めの中火にし、8分ほど蒸し煮にする。

たらの中国風マリネ

ごま油のこくでいっそう味わい深く。

材料（2食分）
生たら（切り身）……2切れ（160g）
長ねぎ……½本弱（40g）
しょうが……1かけ
酒……大さじ2
A ┌ ごま油……小さじ2
　 └ 塩……小さじ⅖

1. たらは酒をからめ、汁気をふく。長ねぎは斜め薄切りにし、しょうがは皮をむいてせん切りにする。
2. 密閉袋2枚に1、Aを半量ずつ入れて軽く袋の上からもみ、口を閉じる。

食べ方（1食分）●つけ汁ごとたらをクッキング用シートで包み、2cmほど湯を張ったフライパンに入れる。中火にかけ、ふたをして5分ほど蒸しゆでにする。

こんなストックがあると、なお便利!

もう1品というときや、料理にプラスαするときに重宝します。

サラダ用セットを作る

ドレッシングをかけるだけで、サラダが一品完成します。サラダ用野菜を水洗いして食べやすく切り、ペーパータオルを敷いた密閉容器に入れ、冷蔵庫で保存を。

わかめをもどす

みそ汁に入れたり、あえ物にプラスするだけで、食物繊維が手軽にとれます。わかめ（塩蔵）は水洗いして水につけてもどし、水気を絞る。食べやすい長さに切って密閉容器に入れ、冷蔵庫で保存を。ひじきも同様に。

ブロッコリーを1個ゆでる

ドレッシングであえたり、炒め物に使っても。ブロッコリーは小房に切り分け、塩少々を入れた熱湯で1分30秒ほどゆでます。水気をきり、よく冷まして密閉容器に入れ、冷蔵庫で保存を。

きのこを冷凍

いろんな調理に使えて便利。きのこのうまみが増す効果も。好みのきのこの石づきを切り落とし、食べやすくほぐすか切ってから密閉袋に入れて冷凍保存を。

蓮根とカリフラワーのカレーピクルス

蓮根とカリフラワーの食感の違いを楽しみます。

きくらげとセロリのアンチョビーマリネ

アンチョビーのうまみと塩気がきいています。

材料（6食分）

- 蓮根……2節（200g）
- カリフラワー……小1個（200g）
- A
  - 酢、水……各1カップ
  - 酒、砂糖……各大さじ2
  - カレー粉……小さじ1½
  - 塩……小さじ1

1. 蓮根は皮をむいて3～4mm幅の半月切りにし、水洗いをして水気をきる。
2. カリフラワーは小房に切り分け、洗って水気をきる。耐熱のボウルに入れる。
3. 鍋にAを入れて混ぜ、1を加えて中火にかける。煮立ったら弱火にし、3分煮る。煮汁ごと2にかけて冷まし、密閉容器に入れる。すぐに食べられる。

1食分：50kcal　塩分：0.4g
／日もち：冷蔵4～5日

材料（3食分）

- きくらげ（乾燥）……1袋（12g）
- セロリ（葉を入れて）……大1本（150g）
- オリーブ油……大さじ½
- 酒……大さじ1
- 塩、粗びき黒こしょう……各少々
- A
  - アンチョビー（フィレ・みじん切り）……3枚分
  - 白ワインビネガー、オリーブ油……各大さじ1

1. きくらげは洗ってたっぷりの水に20分ほどつけてもどし、石づきを取り除いて2cm幅に切る。
2. セロリは筋を取り除き、5cm長さ、7～8mm幅に切る。葉は5mm幅のざく切りにする。
3. フライパンにオリーブ油を中火で熱し、1を入れて酒をふり、さっと炒める。塩、粗びき黒こしょうをふってボウルに取り出し、粗熱を取る。
4. 3にAを加えて混ぜ、冷ます。2を加えて混ぜ、密閉容器に入れて、冷蔵庫で半日おく。

1食分：76kcal　塩分：0.7g／日もち：冷蔵4～5日

きゅうり、大根、にんじんの甘酢じょうゆ漬け

薄味なので、サラダ代わりにぽりぽりいただけます。

材料（6食分）
- きゅうり……2本（160g）
- 大根……4～5cm（200g）
- にんじん……2/3本（100g）
- 昆布（3×5cm）……1枚
- 塩……小さじ1
- 酒……大さじ1/2
- A
  - 赤とうがらし（小口切り）……1/2本分
  - しょうゆ……大さじ1 1/2
  - 酢……大さじ1/2

1. きゅうりは縦4等分にしてスプーンで種を取り除き、4cm長さに切る。大根は8mm角の棒状に切る。にんじんは皮をむき、5mm角、4cm長さの棒状に切る。
2. ボウルに1を入れ、塩を加えてまぶし、ときどき上下を返しながら1時間ほどおく。
3. 昆布は酒につけて2～3分おき、細切りにする。
4. 2の水気を絞ってポリ袋に入れ、3の昆布と酒、Aを加え、空気を抜いて口を閉じ、冷蔵庫で半日おく。そのあと、密閉容器に移し替えてもよい。

1食分：20kcal　塩分：0.7g／日もち：冷蔵4～5日

キャベツのラーパーツァイ風

粒ざんしょうのすがすがしい辛みがおいしさの秘訣。

材料（8食分）
- キャベツ……1/2個（500g）
- A
  - 塩、砂糖……各小さじ2
- B
  - 赤とうがらし……2本
  - 粒ざんしょう……小さじ1/2
  - サラダ油……大さじ1
- C
  - 酢、砂糖……各大さじ1～2
  - ごま油……小さじ1

1. キャベツは3～4cm角のざく切りにする。芯は太ければ半分に切る。ボウルに入れてAをふり、全体にまぶして1時間ほどおく。
2. 1の水気を絞り、耐熱ボウルに入れる。
3. フライパンにBを入れて中火で熱し、香りが立ったら2にかけ、Cを加えて混ぜる。冷まして密閉容器に入れる。すぐに食べられる。

1食分：45kcal　塩分：0.4g／日もち：冷蔵6～7日

今泉久美
いまいずみ・くみ

山梨県生れ。料理家・栄養士。女子栄養大学栄養クリニック特別講師。料理本、雑誌、新聞、テレビ、講演会講師など、幅広く活躍中。栄養満点、おいしく、簡単なレシピにファンも多い。『浸して漬けて「作りおき」』（文化出版局刊）など著書多数。「毎日の晩ごはんなんて、たいしたことは何にもしてないんですよ。冷蔵庫にあるもので、ちゃちゃっと10分くらいで作っているし……という、私の何気ない一言からこの本の企画がスタートしました。手早く作れて栄養バランス抜群、そして何よりおいしいごはん作り。私が毎日、心がけて実践していることです。そのノウハウをわかりやすく一冊にまとめました。毎日の食事作りにぜひ、お役立てください」

大人の献立ルールは
2品で10分 500kcal

2019年7月7日　第1刷発行

著　者 ── 今泉久美
発行者 ── 濱田勝宏
発行所 ── 学校法人文化学園 文化出版局
　　　　　〒151-8524
　　　　　東京都渋谷区代々木3-22-1
　　　　　電話03-3299-2565（編集）
　　　　　　　03-3299-2540（営業）
印刷所 ── 凸版印刷株式会社
製本所 ── 大口製本印刷株式会社

ブックデザイン ── 藤田康平（Barber）
撮影 ── 木村 拓（東京料理写真）
スタイリング ── 綾部恵美子
監修 ── 蒲池桂子（女子栄養大学 栄養クリニック教授）
栄養価計算 ── 磯崎真理子（女子栄養大学 栄養クリニック）
校閲 ── 山脇節子
編集 ── 園田聖絵（FOODS FREAKS）
　　　　浅井香織（文化出版局）

撮影協力 ── 株式会社マイヤージャパン
　　　　　　0120-23-8360
　　　　　　http://www.meyer.co.jp/
　　　　　　UTUWA　電話03-6447-0070

©Kumi Imaizumi 2019 Printed in Japan
本書の写真、カット及び内容の無断転載を禁じます。

本書のコピー、スキャン、デジタル化等の無断複製は著作権法上での例外を除き、禁じられています。
本書を代行業者等の第三者に依頼してスキャンやデジタル化することは、たとえ個人や家庭内での利用でも著作権法違反になります。

文化出版局のホームページ　http://books.bunka.ac.jp/